KB265384

겨울 섬

이창수(李昌秀)　筆名. 東齋

담양 출생
한겨레 문학 신인상 등단
한국 문인협회 회원
동대문 문인협회 이사
한겨레 문학 이사
wilderness 회원
현대 시 마을 회원
제일학원 영어강사 역임
제 2회 한민족 효사랑 글짓기 공모전 심사위원장 역임(2008년)
제 3회 한민족 효사랑 글짓기 공모전 심사위원장 역임(2009년)

수상. 중앙대학교 예술대학원장
　　　중앙대학교 총장. 공로패
공저. 시가 꿈꾸는 세상 외 다수

E-mail　saltis46@hanmail.net　/　Cell　010-8977-7055

겨울 섬

발행일 • 2010년 12월 20일
지은이 • 이창수
발행인 • 이성모/발행처 • 도서출판 동인/등록 • 제1-1599호
주소 • 서울시 종로구 명륜동2가 아남주상복합아파트 118호
TEL • (02) 765-7145, 55/FAX • (02) 765-7165
E-mail • dongin60@chol.com/Homepage • donginbook.co.kr

ISBN 978-89-5506-460-5
정가　8,900원

● 월더니스 시선집 102

겨울 섬

이창수(李昌秀) 시집

도서출판 동인

_ 시집 발간에 부처

인생 여정에서 가장 편안한 시절은 어머니 子宮내에서
유영하면서 살아갈 때
그 기쁨이 海日로 다가오는 행복이라고 해도
괜찮을 것 같습니다.
음지에서 양지로 일탈하려는 자신을
내안이 아닌 밖으로 내 보내려는 시도試圖가
자신에게 얼마나 무모하고 겁을 집어먹게 하는지
미력한 시가 세상 밖으로 나가려는 순간 조심스럽고 떨리고
나를 알지 못한 세상 사람들에게 어떤 파장을 몰고 올지
두렵지만
다른 한편으로는 나만의 집을 지으려는 보석보다 값진 희망을
두 손에 꼭 쥐고 있습니다.
존재의 관념에 의해 억압당하는 삶을 관조 하면서
험난한 세상에 우뚝 섰습니다.
우리가 겪는 고난과 그 고난을 통하여 얻은 교훈
그리고 이웃과 더불어 살아오는 길에 펼쳐진
아름답고 행복했던 일을
때로는 다시 한 번 되돌아가고 싶고
때로는 흔적도 없이 지워버리고 싶은 장면들과
추억의 보따리를 가득히 안고 이 자리에 서 있습니다.

가장 깊은 영혼의 밑바닥에서 들려오는 소리를 받아
한 권의 책으로 엮었습니다.
살아 있는 생물체에서 고통을 거쳐서 만들어 진다는 진주처럼
땀과 눈물과 고난과 사랑과 갈등도 담겨져 있지만
우리에게 나직이 들려주고 싶은 속 깊은 정담과 잠언도
담겨져 있습니다.

2010년 12월
이창수

차례

1 部

八字 인생 13 / 산나비 14

가을 바라지 15 / 어머니 16

책과 유령 17 / 아버지와 신발 18

고도의 섬 19 / 시간論 20

겨울 섬 21 / 마네킹 22

촛불 23 / 그리움은 보석처럼 남고 24

수종사 25 / 잠 26

초상 28 / 침묵의 늪 29

향기도 없는 것이 아름답다 33 / 길 35

동백꽃 36 / 서울 뻐꾸기 37

2 部

등불 41 / 약속 42

아침의 문 43 / 풍경이 있는 마을 44

말 말 말 45 / 산 46

참 좋은 친구 47 / 빗길 49

바다 50 / 귀뚜라미 51

바위 52 / 귀로 53

그대 옆에 54 / 북한산에 가면 55

뭍으로 간 고등어 56 / 마음에 이르는 강 58

구름 할아버지 59 / 사미니 60

봄 61 / 짐 62

3 部

춘심 65 / 연리지 66

유리벽 67 / P에게 68

바다와 나 69 / 여로 70

빛과 그림자 71 / 어머니의 단상 72

미혹 73 / 소금 꽃 74

신발 75 / 아내의 밭 76

5월의 신부 77 / 새의 자리 78

서녘바람 79 / 내 이름은 사이코 80

장다리 81 / 감나무 82

종이컵 83 / 관악산 84

4 部

바람의 키워드 87 / 유리 공주 88

힘겨루기 89 / 시상 90

시간의 소묘 91 / 첫 울음 92

들꽃 94 / 혼 배 95

한적한 고독 97 / 하얀 길 98

장마 99 / 모놀로그 100

가을 편지 101 / 드라이클리닝 102

낙화 103 / 겨울나무 104

소풍 105 / 우리가 살아가는 것은 106

배달되지 않는 편지 107 / 그루터기 108

5 部

초대 111 / 바람꽃 112

마음의 심연 113 / 내 마음에 지울 수 없는 사람 114

6월의 밤 116 / 바람 117

조종 118 / 대학로의 봄 119

잊지 못할 당신 120 / 속불꽃 121

쉬파리 간음 하듯이 122 / 첫사랑 123

거울 124 / 연 125

나의 방 126 / 이성과 감성 127

가면극 128 / 청동의 음성 130

Not going anywhere 132 / 이삭 133

● 서평   이창수 시집 "겨울 섬"에 나타난 시세계
　　　　 － 박정근 135

1 部

낙타가 바늘구멍을 통과 하는데 15초
내가 하늘 문을 비집어 열고 들어가는데
한평생.

八字 인생

大字로 누웠으니 八字 한번 늘어졌다
이고 진 짐 벗어 時方 다 내려놓으니
마음은 한량없이 가벼워지고 나무에 물오르듯이
구석구석에 근질근질한 가려움이
등짝에 애벌레 기어가듯
뭔가 좀이 쑤시는데, 눈 꼬리에 매달린 세상
눈 한번 크게 떴다 감는다.
새밭을 휘젓는 바람이 본디 귀를 틀어막고
막무가내식의 외골수 고집불통에다
벽창호 그도 八字 소관
낙타가 바늘구멍을 통과하는데 15초
내가 하늘 문을 비집어 열고 들어가는데
한평생.
두레박 八字려니 하고 두어두다.

산나비

수줍은 산허리를 부둥켜안고
도란거리는 산릉 길
마름버짐 푸석거리는 돌무지
하얀 나비가 술래를 한다

바람에 나뭇잎이 다정히
수런거릴 때마다 보일 듯 말듯
보이지 않는 나비는 숨결처럼
바람에 이울다가 사라진다

그 쪽빛 나비의 춤사위에
사뿐히 달이 지고

시간의 파장 속에 가시지 않는
여운을 불 질러 놓고 애 띤 굴참나무
숲을 끌어안고 산도 떠메고 간
나비가 눈에 서려있다.

가을 바라지

노쇠한 황소 혓바닥 같은 가을은
몸뚱이 아홉 구멍에서 찌릿한
비린내가 나다
온 가슴이 공명판이 되어 불 질러놓은
떨림을 보라. 욕정에 찬 수컷바람은
나뭇잎 배를 뒤집어놓고
소리의 껍질을 벗긴다.
뒤바람에 가을은 심연 속으로 자맥질을 하고
붉은 그림자는 거대한 물마루가 되어
온 산천을 휘덮는다.

어머니

새벽을 삶아내는 어머니의 하루가
뙤약볕에 달구어진 장항아리 속처럼
새까맣고 짜디짜다.
뚜껑을 열고 맛을 볼 수는 없지만
주야장천 자식들 생각에 장맛은
우러나고 누가 알까 혹여 볼까
툇마루에 앉아 볕살에 가슴을 태우시는
어머니
등허리에 바람이 송송 들고
뼈마디 마디가 시리고 쑤셔오는 시간에
산 그림자는 눈꺼풀에 내려앉아
눈물 한 방울 흘리다.

책과 유령

타블로이드판크기의채광창에비친한웅큼의햇살을아
껴야하는다락방에서정념을짐승처럼키운책과노트더
미들이시름시름앓다가죽어갔다손때가덕지덕지묻었
던시체들에회색곰팡이꽃이피어형체도알아볼수없이
누워있다얼마나오래동안방치해두었을까아슴푸레한
기억을더듬으면서밤이면넋이속닥이는소리에잠을설
치고부옇게쌓인먼지위를망자들의영혼이배회하는소
리에섬뜩하다먼여행의관류속에널부러진뼈조각들을
가지런히닦아이장을하고그묘지엔광휘의빛이어둠을
씻어내고있었다

아버지와 신발

우리 집 신발은 네 켤레 언제나 다정하게
오순도순 얘기 한다네
한쪽 신발이 나서면 다른 신발이 덩달아
앞장을 선다고 하네
밤마다 달님은 신발을 모두 끌어안고
토담집 봉창사이로 귀엣말을 나누자 하네.
아버지는 뒤축이 다 닳은 신발을 보시며 빙그레
웃으신다네
아이들의 꿈이 서린 발자취를 그리워하며
조금씩 커가는 신발속의 세상을 지켜보면서
그 넓이를 엿본다네.
바람 속에 서있는 아버지는 굴뚝에
타오르는 연기처럼 자신을 불태워
아랫목이 따뜻하게 아궁이에 검불을 지핀다네.
신발이 한 켤레씩 곁을 떠날 때 까지.

고도의 섬

발가벗은 눈엔
바람이 고입니다

깊은 고요함 속에서 움직이지 않는
내 섬은
물결위에 떠 있는 핏기 없는 달
살 한 점 쓱싹 썰어서
앉은뱅이저울에 올려놓고 하루의 무게를 답니다.

그믐밤
그 섬에 가면
어린아이가 울음을 터트리고
빈집에 찾아온 은빛 날개
달빛에 젖어 쇠곤히
슬픔을 베고 사는 작은 우주

그리움을 까맣게 태운
한 섬입니다.

시간論

시간이 벌레 먹는 과일처럼 후두 둑 떨어진다
시간들이 상황 속에 허물을 벗는다
우리가 소통하는 시간은 불의 혼魂이다
내일은 잡히지 않는 허깨비이며 자신이 설정해 놓고
자신을 가둬놓은 덫이다
펄럭이는 깃발이며 상상의 날개 짓이다
그 바다는 출렁이는 파도이며 물거품이고
인생 설계의 거푸집이다
미시微視의 시간 속에 삶을 찾는 노동의 빛이다
시간은 그 끝을 내주지 않는다
언젠가는 그 바다를 품으려는 욕망과 집착 때문에
낙타의 길을 걷는다. 탯줄 잡듯 파렴치한 시간을
망치로 깨부수려는 것은 감정이 아니라 감동 속에
창조될 밤의 눈이다 시간이 춤을 추며 비웃는다
시간이란 괴물이 으르렁 대고 있다
시간은 어떤 환경 속에서도 피닉스phoenix처럼
죽지 않고 살아나 굴종하는 일이 없다
시지푸스의 노동보다는 일상의 삶이 빚어낸 시간들
그 활용에 따라서 人生觀이 바뀌고 변한다.

겨울 섬

강물위에 뜬 가랑잎처럼
혹시 내가 표류하는 섬이 아닌가 하는
생각을 했었는데

그 섬은 구원久遠의 여인상이었고
한 섬을 손에 꼭 쥐고 오다가
그만 버스 안에
놓아 버렸습니다.

아직까지 그 섬을 찾지 못해 주위를
맴돌 뿐……!

그 섬은 허물을 벗고 부활을 꿈꾸며
그렇게 봄을 기다렸나봅니다.

마네킹_{mannequin}

그녀의 눈빛에 소용돌이가 일고 있다
걷잡을 수 없는 내 감정을 추스르지 못한 채
마치 블랙홀에 흡입되는 것처럼 전혀 의식 없이
그녀 몸속으로 내가 들어가고 있다
어쩜 그렇게도 태연히 뭇사람들의 시선에도
아랑곳하지 않고 으쓱거리며 뽐내는 형상에
뉘라서 반하지 않을까!
살아 숨 쉬는 요정 같기도 하고
바람을 등진 홍등가 요부 같기도 하고
그렇게 빼어난 자태로 폼을 잡고선 쇼핑가 윈도우엔
으레 행인들의 발목을 잡는 그녀의 눈길에
어찌 사심 한 번 안 품어본다 하겠는가.
마블보다 차가운 응고된 심장에 혼이라도
불어넣을 테면.

촛불

시민의 바다엔 물고기가 살지 않았다
도둑고양이가 훔쳐가 성난 파도만
일렁거리다
자신으로부터 나를 밀어내고 있었다.
촛불의 물결은 어둠을 밝히려는
나약한 몸짓으로 제 살을 태워서 적으로
상징되는 행위를 밝히고자 하는 광장의
가두街頭는 간절한 바람이었다.
평화의 시위는 일상의 일탈 속 시장기
달 쐬고 내 귀는 청록 한 어둠을 입고
파르르 떨고 있었다.

그리움은 보석처럼 남고

마음의 창 닦고 있으면
보이는 건 허상 일뿐
거꾸로 매달린 하늘 머리에 이고
채홍 빛 눈을 치켜 올린다

비워진 마음 한 구석에
떠나보내지 못한 그리움
새벽 빛 어슴푸레 밝아오는 뜨락
밟으면 소리가 날듯
바닥에 자욱이 쌓인 그리움

마음의 창을 뚫고
좁은 공간을 유영하는 소리를
가둔 채 푸른 울림으로
내 마음 적신다.

수종사

푸른 잎들이 물결을 이루는
초록빛 바다
흐드러지게 피어있는 온갖 꽃들이
지고, 또 지고
지는 소리에 한잠을 설치고

또 다른 하루를 준비하는
어기찬 삶이
애잔함으로 다가온다.

산은 그냥 그대로인데
하늘에 조각구름은 갈 곳을 몰라
섬처럼 떠있다.
수종사 종소리는 바람에 변질되어
귀청을 파고드는데

그 바람소리를 밟고
지나가는 마음은
티끌세상에 등갓이 되는가.

잠

깃털하나 건드릴 수 없는 바람의 존재였다
링거 팩에서 떨어져 내리는 수액은 혈관 속으로
시나브로 유입되어 결정체를 이루고
피의 순환 열차는 정거장이 없다
바쁘게 돌아가는 시간과 고장 난 시계가
공존하면서 상황狀況 속에 주체 할 수 없는
무기력한 생명의 목덜미를 쥔다.
어떤 때는 숨소리마저 내가 나이길 거부했다
지독히 고통을 견뎌내야 하는 심연의 바다

잠은 고통의 진통제
의식을 훔쳐간 使者
망각의 하수인
상징의 화려한 무대
죽음의 오르가슴.

시간과 날짜도 없는 이별을 하고 싶다
어제를 내다 팔수만 있다면 오늘은 덜 괴로워
할 것이고 내일은 한결 좋아질 것이며 고목에서도

새순이 돋아날 것이다
그렇다고 서둘러 봄을 기다리지는 않을 것이다

(아산. 133병동 36호)

초상

우리들의 초상은 찰나의 감각으로 일어나는
나부낌이다. 울림이다.
숱한 인연들 속에 기억의 술잔이
넘실거리고 있다
파도가 일렁이는 싸한 소주잔 속에 과거의
잔영들이 물고기 부레처럼 떠오른다.
지느러미가 물살을 가를 때마다 은비늘은
반짝이는 섬광처럼 인상들이 뇌리에 박힌다.
소주잔에 출렁이는 한 잔의 바다를 마신다.
켜켜이 쌓인 추억의 그림자를 밟는다.
술잔 속에 부딪치는 상념들이 방울져
격랑에 부대껴온 세월이 주마등처럼 스쳐
빛바랜 영상들은 비릿한 꿈결로 다가와
은빛 햇살을 낚는다.

침묵의 늪

1

그대 잊고자 하여도 못 잊는 것은 잊지
않으려는 생각보다 잊고자 하는 생각이
너무나 괴로워 별이 죽어가는 밤에도 고뇌 했고
무서리가 풀잎에 숨통을 죄일 때나
말을 잊고 가슴앓이를 할 때는
침묵의 늪에서 더욱 슬퍼했다.
그대를 진정 잊고자 할 때는 깊은 잠에 빠져
의식을 잃거나 혹은 정신병에 걸려 길거리를
방황 할 때
그 때는 잊혀 지리다.

2

그대에게 못 다한 진실들이 상흔으로 굴레를
씌우다. 술병 속의 언어 조각들이 파편으로 남아
떠나보내지 못한 애련한 마음이 저미하다
살같이 지난 발자취를 더듬으면서
기다림은 망각의 샘이요
그리움은 태울 수 없는 그림자이다
가슴에 서리는 추억들이 이방인처럼 느껴져
곱게 여미어 빗질을 하다

네 마음에 나를 지우지마 네 마음에 내 자리가
생길 때까지 기다릴게.

3

이지러진 마음을 추스르지 못한 심경을
에둘러 저 달은 아는지 속절없이 세월만 흘러
산비酸鼻하다
손으로 붙잡을 수도 만질 수도 없는 大氣처럼
그댄 내 가슴속에 서린 눈에 어리어
나이를 먹지 않고 그대로 인데
가고 아니 오는 시간들이 여삼추如三秋라
애타는 심정 가눌 길 없어 시름에 잠기다
백양나무 숲엔 소소리 바람 일고 속情에
이맘 돌이 되어 둘 곳이 없어라.

4

침묵은 소리의 멱을 따고 소리는 침묵의
꼬리를 말뚝에 매고 파랗게 질린 공기의
계단을 밟는다.
무수히 스쳐간 인연들...
추억의 봇짐을 짊어지고 걸어온 심연의 여정 앞에

먼 산은 자꾸만 커가고 그리운 것들 풀어 헤쳐
주섬주섬 보자기에 싸고
슬픈 것들 저 멀리 집어던져 먹구름 한 덩어리

날아오지 못하게 방벽을 치다
끝없는 이별은 여행자의 숙명인 것을.

5
마음의 거리는 어떤 도구로도 측정할 수
없는 무한 거리이면서도 종잡을 수 없는
아주 짧은 거리이기도 하다
마음의 싹을 틔우기 위해 얼음심지를 녹이듯
무겁고 두터운 농밀한 그림자를 가슴에
남기고 태아의 양수처럼
사랑은 신의와 자비에 자신을 내던지고
싶다는 욕구였다
사랑의 표적이 된 지나간 시간들을 지워버리고
싶었던 한 순간들이 기적으로 남아

6
아직도 잊혀 지지 않는 그임을 잊지 못해
가슴을 발가벗겨 말 못한 사연은 죽어도
아니 됩니다
그대 사랑이 없었다면 광대 짓이나 싸구려
연극에 지나지 않았을 것입니다
공중을 분해해 조각을 낼 수 없듯이
시간이 영원히 정지하거나 점차적으로
사라지고 곤두박질 칠 때 까지.
그대는 내안에 있으며 난 그녀 안에 서
살아 별을 헤아린다.

향기도 없는 것이 아름답다

개운산 언덕바지 길섶에 보잘 것 없이 생긴 조팝나
　　무는
하루해를 붙잡고 서성거리며 누굴 기다리는 눈치다
못생기고 향기도 없어 사람들은 본체만체 아랑곳도
　　하지 않고
지나쳐 버립니다.
외로움에 지친 조팝나무는 햇살과의 조우 속에 자
　　기 마음을
다소곳이 키워갑니다. 아무런 소용없이 거치적거리는
나를 언젠가는 불러 줄 때가 있을 거라는 꿈과 희
　　망을
안고 살아가지요
그러던 어느 추운 겨울이었습니다.
흰 눈이 쌓이고 살을 에는 칼바람이 불어 땅이 꽁
　　꽁 얼어붙어서
빙판이 졌습니다.
그때서야 사람들은 눈길이 모아지고 차가운 내 손
　　을 붙잡아
주기 시작 했습니다. 아무리 못생기고 향기가 없는
　　꽃일지라도
이렇게 필요 할 때가 있습니다.

이 세상에 존재 한다는 것은 모든 것이 아름답고
　소중하고
귀한 보배입니다
내 자신의 사랑 없이는 남을 사랑할 수가 없지요.

길_{human}

달린다
쉬지 않고 달린다
아주 멀리 달린다

어디쯤 가야
끝이 보이려나 목이 마른다.
보이질 않는다

저 푸른 소나무
멀어져 간다
언제까지 달려야 하나

시곗바늘을 거꾸로 돌린다
어루쇠를 지운다.

충혈 된 눈꺼풀이
힘겹게
세상을 들어 올린다

동백꽃

한번 연거푸 일어나는 입원 환자의 자지러지는
기침소리가 가슴을 쥐어짜는 북 날의 씨실 틈으로
간헐적으로 부서진다.
그렇게 경을 치고 나면 거시기로 연결된 고무호스는
벼랑으로 뜨겁게 솟구쳐 제 속을 데워내는지
페트병엔 꽃물이 가득하다
창밖으로 두개의 달이 떠 있다
손에 잡힐 듯한 청잣빛 달과 희끄무레한 달이
교감신경을 오르며 무료한 시간의 한 켠에
걸려있다
종지만한 달이 가슴에 펌프질을 하며 빨갛게
동백꽃을 소리 없이 피워내고 있다.
아주 조용히 달이 지고나면 소우주엔 눈물이
고였다가 섬이 되고
수 만개 밤의 혀는 상처를 핥는다.
꽃 진자리에 달이 뜨고 꾸무럭거리는 흐린 하늘에
또 하나의 달이 비춰
그 환자는 며칠째 밤을 뒤적이고 있다.

(아산. 133동 36호)

서울 뻐꾸기

조 빌딩 숲엔 펠리컨이 거들먹거리고 가로등
길을 떠도는 뻐꾸기는 밤새껏 새우에 젖는구나.
한강 둔치에도 용산철로길 난간에도 머무를 곳
없는 들피진 뻐꾸기는 한데서
전동차 기적소리에 잠들고 기적소리에 깨어난다.
잦은 세파에 시달려온 나그네새는 어디에도
둥지엔 제 둥지가 없다

이것은 물결 없는 파도
긴 침묵의 메아리
소리를 담아내는 출구

남는 건 눈치밖에 없는 뭇시선이 따갑지만
바람막이가 된다면 어딘들 마다하지 않고
찾아나서는 비루悲淚한 삶을 부지扶支하다
갈 곳이 없어 주위를 배회하다가
다시 날아든 허물어진 터전에 푸른 입김으로
힘겹게 세상을 들어 올린다.

2 部

붉게 타는 장작더미 위에서 춤추는 화염조의
파닥거리는 날개가 꼬리를 치며 內海를 건너
저 높은 곳을 향하였소

등불

눈뜨고 허방을 짚을 때가 허다한데
이것 없이 한치 앞도 볼 수 없는 깜깜한
밤을 걸어 본적이 있는가?
이것 때문에 고통으로 잠들어 본적이 있는가?
어둠속엔 어둠 밖에 없는 밤의 소리를
당나귀 귀처럼 쫑긋이 세우고 적막한
밤의 나라에선 무슨 일이 일어나고 있는지
어떤 페스티벌이 벌어지고 있는지
명계冥界의 카론*이 노 젓는 소리도
들리던가?
밤에 빛을 찾는 건 시련의 기쁨이다
주위를 환하게 비추는 작은 등불의 갈망
이것은 희망의 굴레이다.

*카론Kharon

명부冥府의 강의 나룻배 사공. 암흑의 영靈 에레보스의 아들. 스투크
스 강에서 헤르메스에게 인도되어 오는 死靈으로부터 15보론씩 뱃삯
을 받고 건너편으로 건네주는 수염이 더부룩한 미운 노인이다. 이
신화로 인하여 그리스에는 죽은 사람의 입에 15보론의 돈을 넣어주
는 풍습이 유래하게 됐다.

약속

이것은 맷돌처럼 부셔내는 습성이 있지만
단단하면서도 부드러운 성질을 가지고 있다
이것으로 인해 평화와 나락의 길을 연결하는
징검다리이기도 하다
이것은 시퍼런 비수이며 곁을 따라다니는
그림자이며 기억의 囚人이다
이것 잘못 지키면 후회와 회한으로
어깨에 무거운 짐을 짊어지고 고뇌 한다
이것 없이는 사회질서와 인간의 신용이
무너지고 혼돈의 세상이 도래한다.
이것은 한 인격이며 존엄성이며 미래에 대한
청사진이다.

아침의 문

이 세상 모든 것을 사랑해야지 풀 한포기 돌멩이 하나
바람에 이는 이파리조차 의식하면서 우주 만물을
내 안에 품으며 한없는 사랑을 하면서 살아가야지
별이 지고 蘇生의 기쁨이 머리위로 뚝뚝 떨어지는
지금 현재를 사랑해야지
슬픔은 묘지위에 빛나고 죽어가는 어제를 그리워하며
내일의 태양을 바라보면서 숨 쉬고 있는 생명을 생
　　각하자
내가 존재하기위해 살아가는가?
살기위해 존재하는가?
끝없는 질문과 답변 속에 풀리지 않는 무리수를 두
　　는 걸까.
또 하나에 외연과 내연의 관계를 맺어줌으로써
존재와 비존재 우리가 끊임없이 대두된 자아 속에
나는 누구인가? 라고
되묻고 반문하면서 존재의 가치를 한 영역의 삶 속에
내포시켜 고민을 하며 여명의 하늘 門이 열릴 때 까지
아침을 기다려야 하는가.

풍경이 있는 마을

앙상궂은 돌무지 성긴 바람에 억새의 백발이
희끗희끗 나붓거리고 있었다
골 패인 밭이랑은 빈손이었다
추수가 끝난 뒤라 어수선 하던 흔적들이 손금처럼
파헤쳐져 을씨년스럽다. 달콤한 공기는 맛있고
때지어 바람은 웃는다
고적에 쌓인 강물은 연신 말을 걸었다.
나 역시 묵묵부답이었다
水面위에 비친 햇살이 다이아몬드 섬광같이 반짝
　　이고
지난 발자국과 그림자 상상의 상념들이 들불을 놓다
오늘따라 센티멘털 하는지 모르겠다
파랗게 물감을 들인 하늘 탓일까?
아니면 역병에 걸린 잎사귀들이 숨을 몰아쉬며
끈을 놓지 않으려고 파닥거리는 아연한 모습을 본
　　탓일까
천등산은 입도 방긋 하지 않았다
허파에 바람만 잔득 불어넣고 종일 뭘 어찌할지
시새움에 긴장된 가슴이 설레다
리트머스 시험지에 붉은 잉크로 찍어 놓은 듯
틀 속에 갇힌 山影이 불타고 있었다.

말 말 말

말은 소리를 전달하는 매개체 일뿐
그것은 담을 그릇이 없다
귀는 모두에게 입은 무겁게
모든 것을 수용하되 판단은 느긋하게 생각해라
말 한마디로 곤욕을 치를 수도 있고
빚을 상쇄하거나 전체를 아우를 수 있다
감정은 이성에 의해 통제되어야 하며
행동은 항상 요구되는 것과 비례한다.
자신을 볼 수 없는 우둔함과
상대를 볼 수 있는 혜안은 상충된 자아현상이다

쉽게 하는 말에 갈고리가 있다
남의 말을 함부로 앞지르거나 끼어들지 말며
미련스럽게 끝까지 경청 할 줄도 알아야 한다.
말은 책임 의식이 뒤따라야 하며
그에 대한 부수효과도 감당해야 한다.
타인과 영육에 연연하지 않으면 절대로
다칠 일이 없다

산

산은 마음에 담는 얘기를 단 한번도
꺼낸 적이 없다
산은 짐승의 발자국에 밟히고 찢긴 자국마다
몸살을 앓아도 미워하지 않으며
차이고 피멍이 들어도 누굴 탓하거나
원망하지 않으며 성낼 줄도 모르고
애원도 하지 않으며 오로지 사랑으로
대하고 주기를 좋아하고 받기를
싫어하는 세상일에 개의치 않는다.
산은 무의식 속에서 의식을 깨닫게 하는
수양修養산이다.

참 좋은 친구

마음대로 얘기 할 수 있어 좋고
큰 소리 내어 웃어도 누구 하나 눈치 보이지
않아서 좋고
비밀스런 얘기 나누어도 흉보지 않아서 좋고
나직하지만 묵직해서 좋고
마음이 답답할 때는 흉금을 털어놓고 전화하면
언제라도 달려와서 내 마음 다 들어주고
위로하고 위로받고

오만과 편견이 없어 함께 있으면
참 좋은 친구입니다

조그만 실수가 있어도 눈감아 주어서 좋고
그리워 보고 싶을 때는 그냥 달려가서
얼굴 비비면서 포옹해서 좋고
힘겨울 때 곁에 있어주며 부둥켜안고
술을 마시며 춤을 추고 인생을 노래한다.
마음을 다 내어주어도 아깝지 않는 친구
지칠 줄 모르고 깨지지 않는 사그라질 줄 모르는
사랑이 무한한 친구

아집과 가식이 없어 함께 있으면
참 좋은 친구입니다.

빗길

어둠이 내려앉은 도시의 거리에 비가 내리고
차량들은 두 눈을 부릅뜨고 시간을
채근거리며 질주 한다.
가로등 불빛은 잊혀 진 전설을 어슴푸레 더듬으며
하루의 시한부 삶을 토막 내고 있다.
보도에 즐비하게 서있는 격자格子모양의 군상들은
수면위로 골골이 패인 반영의 눈동자가 예사롭다
수없이 밟히고 찢긴 상흔의 가슴에
비라도 내리면 혼탁한 눈동자는 별처럼
반짝거린다.
기나긴 질곡桎梏의 역사가 그 빗속에 흠뻑 젖어
해묵은 격통의 고질병이 빗길에 굽이쳐
흘러서 가는가.

바다

그리우면 그리운 대로 미우면 미운
대로 날이 새고 어둠이 깔리면
또 한 생각에 사뭇 그리워
이는 바람에 달빛을 따라 나서면
해변의 몽돌들이 부딪치는 소리
또록또록 음파에 침묵을 깨고 밤하늘에
적운積雲이 흐른다.

모래톱에 반짝이는 모래알들의 밀어에
가슴 설레는 촉수가 핏발을 세우고
심장에 풀무질을 한다.
마음에 앙금처럼 쌓이는 모래알들의
군무가 파도에 씻겨 춤을 추며
파도는 모래알에 베이고 그 포효 속에
바다는 제살을 삼킨다.

머리에 깃털을 꽂고.

귀뚜라미

뒤란 돌 틈 사이 갈잎에 이엉 덮고
깍지에 둥지를 틀고 어둠에 눈이 익기를
기다리며 세상사 달빛에 녹이느라
그리도 애달프게 우는 구나.
사계沙界의 벽을 뛰어넘어 평생을 은둔하면서
살아가는 구도의 길은 멀기만 한데
혹세惑世를 피하려고 정념을 짐승처럼 키우면서
불모지에 연명을 하며 애간장을 그토록
태우는구나.
어스름한 밤에 달은 창 넘어 피륙 한필
살포시 넘겨주더니 하얀 치맛자락 소슬바람에
휘감기어 백자보다 고운 살결 흰 순결을
드리우고 그윽한 체취만 툇마루에 풀어놓고 떠나다
바람에 이는 헤진 세월 읊조리는
그대 순한 대궐이
모든 이의 마음을 사로잡는구나.

바위

제 몸을 붙박아 놓고 囚人의 몸으로
소리를 듣는 귀를 가졌으나
앞을 볼 수 없는 바위야
말을 잊고 눈먼 바람과 변환의 구름을
벗 삼아 영겁의 세월을 지켜오면서
모난 시류에도 흔들리지 않고 굳은
의지와 절개가 돋보이는구나.
한없이 유순하면서 성낼 줄 모르는 바위야
네가 말문이 터지고 세속에 눈을 뜰 때
내 마음에 心琴을 울릴 것이요!
바다의 숨소리도 숲과 나무들의
속삭임도 우주의 생성 변화를 보고
들을 것이다
너는 언제 봐도 소박미의 극치이다.

귀로 歸路

은빛 햇살은 잔잔한 강물위에
산산이 부서지고
바람소리 물소리 처량히 가슴을 파고드는데
인걸人傑은 소식조차 끊기고
빈터만 세월을 엮어 둔 채
하늘엔 구름집 떠가고
울타리 잡목 숲에 새소리 무성한 덩굴은
허공을 찌른다. 술 익은 마을마다
삽살개 짖어대는 소리

넓은 마당엔 한낮의 장닭이 홰치는 소리

내가 꿈꾸어 오던 산천은 의구依舊한데
人情은 넘쳐도 세속은 남이다.
추억에 향수가 서려있어
그리움이 보풀처럼 피어난다.

그대 옆에

그대가 힘들고 외로울 때마다 위로하며
힘 북돋아 주는 이 있는가.
그대 뒤돌아 설 때 손 붙잡아 주며 빈 가슴
채워 줄 수 있는 이 있는가.
이 한세상 살아가면서 싫다 않고 껴안아
주며 무거운 짐 함께 지고 갈 이 있는가.
모진풍파 다 겪으면서 고난의 긴 세월 업고
함께 견뎌낼 수 있는 이 있는가.
그대 따뜻한 가슴에 길을 잃어본 적이
있는가. 사랑 때문에 눈과 귀를 멀게 하는
그런 이 있는가.
그대 옆에 꽃처럼 말하고 행동하는 순백의
그런 사람 있는가.

북한산에 가면

모를 각다귀 떼들의 시위에
성마른 바람은 밤을 굴리고 있다
비틀어진 좀생이나무 웅성거리는 숲,
여울물 소리에 북한산은 잔뜩 웅크리고 아작거리다.
노상 주점엔 작은 전등불이 배꽃처럼 하얗게 피어올라
혀는 밤의 입술과 내장까지 핥는다.
귓가에 야릇한 소음
빌딩숲엔 보이는 건 공기방울 터지는 소리
밤을 먹고사는 가로등 불빛은 어둠을 잘게 부수고
    있다.
가던 길을 도로가는 사이보그
그들은 기억된 언어로만 말을 되풀이 한다
괜히 슬프다−
이곳에 올 때는 애시당초 마음의 경계를 두지 않고
    수련한
여인을 보고 싶어서였다.
십자로 어귀에 이정표처럼 우뚝 선 나.
가려可慮한 상념들이 시선에 말려들어
헤어나지 못하고 몹시 들떠 있다
그곳에 가면 치맛바람에 가슴이 울렁이다.

뭍으로 간 고등어

아내는 고등어를 잡으려 바다로 나갔다
바다에는 각종 어종들이 즐비하게 눈길을 끌었다
고등어는 바다에서 뭍으로 가는 꿈을 꾸었다
그러다 어시장 좌판대 오른 고등어는 몰인정한 인심에
두 눈을 멀뚱거리고 핏대를 올리며 푸념을 한다.
苑 딴 세상이야, 라고
아내는 잘난 체하는 놈을 일부러 골라 흥정을 한다.
아줌마 싱싱해요?
아줌마는 대꾸도 하지 않고 물결 없는
바다만 바라보았다
옆에 1마리 3천원이라고 꼬깃거리는 판지에 써 붙
    여 놓았다
아내는, 아줌마 하고 소리를 쳤다
아줌마는 그때서야 포구에서 갓 실려 온 놈들이라
    고 한다.
즉석에서 토막을 쳐 까만 비닐봉지에 돌돌 집어넣는다.
비린내가 손닿는 곳마다 물씬 풍긴다. 아내는 연한
고등어 살을 다듬어 냄비에 넣고 묵은 김치에 졸인다.
펄펄 끓는 국물에 고등어는 본성을 드러내는지 뚜
    껑을 차고

바다위로 뛰어 오른다. 죽어서도 몸을 던져 뭍의 꿈
　　을 이룬
고등어를 생각하면서 한 숟갈 떠먹는다.
입맛을 당기며 알싸하다.
아내는 빙그레 웃는다.

마음에 이르는 강

달에 정신을 빼앗긴lunatic 너를
지켜줄 강둑이 있다
그러기 때문에 소리 없이 유연히 흐르고
망아忘我의 경지에 오른
너는 무엇이든 아낌없이 주고
온갖 것을 多 받아들이는 속성이
자연하다
너는 굴절된 감정이 솟구치는 이면에
스스로를 다스릴 줄 아는
이성을 지녔으니 참 경이롭다.
바람에 찰랑대는 강물은 햇살을 베어
물고 지빠귀 울음소리에 격랑을
차고 돈다.
강물은 유유悠悠히 흐르고 한량없는
이내 마음 그칠 길이 없어라.

구름 할아버지

할아버지는 광릉수목원 앞에서 꽃수레에
시간을 매달아 놓고 삶의 페달을 밟으며
꽃구름을 낳고 있다
할아버지는 무지개를 타신다.
할아버지는 요술쟁이
푸릇푸릇한 어린 새싹들에게 감로주를 빚는다.
아이들의 눈길이 할아버지 주름살을 펴고
세월은 할아버지를 모른 체 비켜서다.
길 위엔 자욱한 사랑이 물들어 구름에
싹을 틔운다.
할아버지는 구름집에서 사신다.
아이들의 초롱초롱한 눈빛이 구름 위에
앉아 마음이 활짝 핀다.

사미니

구름에 달 가듯이
사미니 고깔에 드리운 억겁의 번뇌는
만휘군상을 깨닫게 하는가
오만가지 상념을 불꽃에
태우려 드는가

한줌의 바람에 날리는 먼지처럼
草露와 같은 것
구도의 길은 무한히 자신과 맞서 싸워
공이 되는 무리수

세속을 등지고 울림으로 남아
누리에 빛의 전령이 되려는 가
깨달음의 경지에 이르려는 참선의 수행은
인간의 고해苦海려니 !

영계의 세상을 추구하려는
그대는 內界의 五慾*을 씻어주는
등불이 되었소.

*오욕五慾
재물욕· 색욕· 식욕· 명예욕· 수면욕睡眠慾

봄

햇살이 맑은
꽃 잔치에 군상들이 밀려들고

저 푸른 함성이
하늘땅이
지축을 흔들어 수런거리고

새들이
입방아 찧는 소리에
세상은 아름다워라

들과 산천에 아지랑이 족두리를 쓰고

꽃잎이 낭자하게
지는 소리

짐

저승의 대부업자가 꿈속에서 일평생 지은
죄 값의 빚을 받으러 독촉장을 내밀어
견딜 수 없을 만큼 숨통을 조이더이다
그 때
전신의 힘이 빠져 허물어져 내리고 지독한 멀미로
땀이 비 오듯 온 몸을 적시고 고통에 떨다가
그만 똥오줌을 쌌소이다.
언젠가는 회灰분으로 산화될 뼈 조각들
까마귀 떼들의 먹이가 될 살덩이
그리고 정신을...
붉게 타는 장작더미 위에서 춤추는 화염조의
파닥거리는 날개가 꼬리를 치며 內海를 건너
저 높은 곳을 향하였소

3 部

갈 볕이 따갑게 내려앉아 으르면
감은 곶감으로 내주고
붉은 홍시로도 내주고
찬 서리 우듬지엔 까치밥으로 내주고
이파리는 茶로 내주고

춘심 春心

아직 미동도 하지 않는
봄을 참을 레라

한적한 山野에 별빛이 잦아들고

개울가 덤불속
가녀린
새들의 여윈 발끝에
스치는 바람이어라

내가 기다리던
너울 쓴 손님은 오지 않고
빈 배만 떠있어

연분홍 빛 치맛자락에
스쳐 운다.

연리지

이보다 더 편안한 자리 없는 것 같지만
어쩜 어려운 이 이기도 하다
모든 것을 조건 없이 내어 줄 수는 있어도
전부를 보여 줄 수 없는 이 이기도 하다
모든 것에 감사를 하며 최선을 다하고 살아가지만
가슴 한곳에 채워질 수 없는 빈 방이 있다.

강물이 흘러가듯 험한 세상 헤쳐 나가는
편린들이다
가없는 사랑을 하면서도 넘을 수 없는
날 선 있다.

힘들고 죽을 만큼 고통을 받았을 때
옆에서 지켜줄 사람 있다
고단한 시간 속에 저항을 하면서 지켜 냈지만
한 때는 배고픈 사랑이 있었다.
一邊에 지나지 않겠지만 한 섬이고 싶은 고독은
어쩔 수 없는 삶의 일부인 것을.

유리벽

유리벽 하나를 두고 서로 다른 세상이
눈앞에 벌어집니다.
밖으론 추위를 껴안고 살기위해 달려가지요
신발을 야금야금 먹으면서 허기를 채우고요
거침없이 살과 살이 쇠가 쇠를 먹고
먹히지요
점잖은 척 말 없이 드넓은 광야로
생의 길을 찾도록 담금질을 하지요

안으로는 보일러의 더운 열기로 참살을
태우며 자아도취에 빠져 들고요.
실내에는 안단테 칸타빌레의 교향곡이 흐르고
테라스 테이블에 놓인 한 잔의 술은
낭만에 웃음꽃이 저문 나비의 날개 짓이고요
벽과 벽 사이 잔원潺湲에 집어등을 켜고

그리고는 그리고 는
아무 일도 생기지 않았듯이
고조된 아우라aura —

P에게

그 사람 옆에 있을 때는 얼마만큼 소중한지
정말 몰랐습니다. 찔레꽃 향기에 젖을 때는
더욱 그러했고 그 가시에 찔려 손톱이 선혈로
물들었을 때 그때서야 아픔을 깨달았습니다.
그 사람을 진정으로 사랑하지도 미워하지도 않았습니다.
잎이 떨어지고 앙상한 가지만 남아 있을 때도
눈밭을 걸으며 깊은 상념에 잠겼을 때도 모른 채
하늘만 바라보았습니다.
내가 나를 속이는 기막힌 슬픔을 가슴에 묻거나
그리움이 다가와 마음 아파할 때는
이미 때가 늦습니다.
사랑은 피하는 것이 아니라 부딪치는 것이라고
누굴 미워하고 그리워 한다는 것이
얼마나 큰 행복인지 몰랐습니다.
다만 옆에 있어 주기를 간절히 원했지요.
보고 싶은 마음 하늘만 하니 그리움 붙잡으려는 듯
소중하게 도사리고 있는 지워지지 않는
아름다운 날들, 꽃잎이 떨어져 강물에
떠가듯이 바라볼 수 없는 안타까운 마음에
나도 꽃이 됩니다.

바다와 나

파도가 안고 온 은비늘
모래톱에 신비의 城 쌓아 놓고
밀려오는 노스탤지어의 눈동자
그 바다를 안는다.

별 밭을 가꾸는 바다는
무수히 그리움 빚어내어
작은 섬 하나 가슴에 안고
욕망의 불꽃을 당긴다.

바다가 훤히 열리던 날
해원의 깃발은 마음을 싣고
꿈을 펄럭이며 이상의 날개로
하늘을 날자구나.

여로

채워 도 채워도 채워지지 않는
빈 그릇이 있다
칠흑의 우물 속 세상을 비친 달이 차오르면
두레박에 담아 건지려 해도 밑 빠진 독처럼
채울 수 없는 빈 그릇이 있다
채우면 비워지고 비우면 채워지는
주고받고, 받으면 또 되돌려주어야 하는
인생은 결국은 공수표가 아닌가?
스스로 자신을 저울대에 올려놓고
무게를 가늠하지 않는다.
한 치의 사이에서 희비가 엇갈릴 뿐
저 갠지스 강가의 무수한 모래알에 비춰진
한 조가비 보다 못한.
가득히 담긴 것 같지만 또 비워지는……!
순환은 자연의 섭리인 것을.

빛과 그림자

한뉘 빛은 허물을 숨기고 그 허물은
그림자를 만들어 감춰진 속성의 본체를
피안의 아픔 속에 끌어안고 있다
빛은 어둠을 투과하는 매개체이고
어둠은 빛을 잔혹사 시키는 마왕이다
황막한 모래밭에 발자국을 남기고 간 자리엔
돌개바람이 그 발자국을 흔적도 없이
지워버리는 격정의 시간들이
둔탁한 소리를 엎어 놓고 발가벗긴다
그림자는 빛의 척후斥候병이였고
빛의 굴절에 따라 생성하는 명암이 엇갈리는
배경에 생의 꼭지가 물렀다.
그림자는 자신을 지울 수 없는
피막처럼 빛의 그늘에 가려져 운신의
폭이 유동적이다.

어머니의 단상

한쪽 부엌 벽에 어머니가 조각되어 있다
어머니의 무늬는 어디든지 인자스레 장식되어 있다
빈 서랍장 안에도 손때가 고스란히 묻어나고
숨 쉬는 우주에도 어머니의 숨결은
파랗게 배어들다.
어머니의 가슴에 텃밭 한 되지기 河海와 같은
포옹 있다. 낙타의 길을 걷던 그녀의 일상은
처연히 뒤안길에서 자식들을 그리워하며 해가
설핏해진 저녁노을 토닥거리며 하얗게 하루를
품고 있다
어머니의 일생은 양은 냄비 속 끓듯
지글거리며* 애자지정으로 살아오셨다
이 빠진 참빗을 들고 긴 머리 곱게 빗질을 하시며
젖은 날들을 빨래 줄에 널어 말리신 어머니의
삶이 모질고 질기다
마른 울음 짓무른 눈에
애끓는 어머니의 가슴은 숯덩이 붉은 속을
들어내 타들어가듯이 부옇게 재만 남았다.

*지글거리다 = 무슨 일에 걱정이 되어 마음을 몹시 졸이다.

미혹

아무 것도 내게 묻지 말아줘
그냥 이대로가 좋아
널 보고 싶고 그리워지면
흰 백지위에 낙서를 하는 거야

처음도 끝도 없이
술주정뱅이 갈지자 걷듯
아무런 사유도 없이 너에게로
달려가는 거야

그러다 가 그러다가
펜을 놓고 내안에 쉼표를 찍는다
다시 도돌이표를 찍는다
내가 무슨 수작을 부릴까!

낮빛이 첫 키스 경험처럼
화끈거리다
네게 마음이 끌리는 이유를 묻지 말아줘

안보면 보고 싶고
보면 같이 있고 싶어지는
내 마음은 산비둘기.

소금 꽃

나비는 쇠잔한 날개를 팔랑거리며 소금 꽃을
피우기 위해 바다로 나갔다.
바다를 안은 나비는 먼데 수평선 넘어
애오라지 희망의 등짐을 지러 떠났다
나비는 바닷물이 썰물 진 갯벌 위를
지친 줄도 모르고 정신없이 날아다니면서 바람과
　　햇빛이
빚어낸 소금 꽃을 가꾸느라 날개가 갯물에
흠씬 젖어 나비는 힘겨워 더 이상
날지를 못했다. 나비는 소금밭에 앉아서
몽롱한 달빛을 바라보았다
갯벌엔 바닷물이 차오르고 나비는 꿈속에서
고혹한 바다 얘기를 썼다
바다는 저고리 옷고름 풀어 헤쳐 풍만한 젖가슴을
꺼내주었다. 그 젖가슴 사이로 돌아 온 나비는
질곡의 삶을 영위한 독한 바다였다고
그 바다는 눈동자 속에 출렁거리다.

신발

신발은 그의 手足이 되어 미래의 길눈을 찾아
도정의 길을 끌고 다니면서 격랑 속에 볼멘소리
없이 오금 한번 펴보지 못하고 허겁증에 시달렸다

푸대접을 받을 때도 항상 감싸고돌았고
옆구리가 터져 신음을 하거나 뒤축이 닳아
시달릴 때는 아예 거들떠보지도 않는 채
천덕꾸러기로 전락했었다

신발은 주인의 충직한 하인이었다.

신발 속의 작은 세상은 포만감을 심어 주었고
생의 발자취를 애써 감추며 그의 무거운 화물은
과적한 짐이었다. 군소리 한번 못하고 고삐에
매인 짐승처럼 끌려 다닐 때마다 기회를 엿보며
신발은 언제나 일탈을 꿈꾸었다

꿈길은 사역使役을 당했고 가끔 세안을 받았을
때는 막힌 숨통이 트이고 위로가 되었다.

아내의 밭

사랑을 꽃피우는 온실이며 새 생명의 산실이다
나비는 꽃을 찾아 너울대며 산과 들을 넘어
아득한 꽃밭으로 여름* 소풍을 떠나다
난생 처음 보았던 새로운 세계를 살핀 이상국이며
마르지 않는 샘이고 옹구翁嫗** 없는 신천지
날개의 꿈을 덮어쓴 푸른 하늘
깊고 오묘한 바다를 헤엄쳐 신비의 여행지
어느 낯선 곳에 표류해 새로운
세상의 문이 열리다
어둠의 빛을 찾아 헤매던 시간만큼 오래 참았던
우렁찬 울음소리가 지축을 흔들고
아내의 붉게 멍든 가슴은 꽃으로 피어나다

*여름 = <옛> 열매
**옹구翁嫗 = 늙은 남자, 늙은 여자

5월의 신부

새들은 소리로 바람은 몸짓으로
꽃은 향기로, 오월의 가슴 벅찬 꿈의 날개여
떠오르는 태양이여 빛의 영광이여
생동하는 기상이며 색감
멈출 줄 모르고 뜨겁게 뛰는 심장의 고동소리여
기쁨이 샘솟는 오월은 그대들의 차지 날짐승도
둥지에 꽃단장을 할 시기가 왔도다.

오월의 新婦여

이젠 하객들을 불러 잔치를 베풀고
날빛이 그대를 감싸고 있노니
새벽이 잠들 때까지 춤을 추어요.
오! 그대 감격의 눈물을 거둬요
바람에 날리는 그윽한 향기와 정취에 젖어
축제의 밤을 지새울 오월의 허니문을 위해
수놓을 채비를 서둘러야지

오월은 사랑이 펄럭이는 깃발이오.
희망의 편지를 배달하는 우체부라오
5월을 찬미하는 계절의 여왕이여
그대는 영원한 新婦.

새의 자리

어느 날 산책을 하다가 우연히 느티나무 가지에 앉은
새들을 보고 헤어날 수 없는 깊은 시름에 잠겨 우
　　두커니
선 시선에 바람이 휘리릭 지나갔다.
왜, 높은 곳엔 작은 새는 앉지 않고 낮은 곳에
큰 새가 앉지 않을까?

큰 새는 높은 가지 한곳에만 머물다 주위를 휘둘러
　　보고
날아가는데 작은 새들은 여러 나뭇가지를 기웃거리면서
전전하는 것을 보고 내 마음도 새와 같은가 라는
생각에 빠져 하늘에 톱질을 하고 있다.

서녁바람

서녁바람이 애달프다 하니
꽃은 시녀가 되어 유희를 하누나.
목을 길게 늘어뜨린 하늘은
홰를 치며 슬픈 현을 타고 있다

묵객은 구름 비
시름없이 흘러가는 강이고 싶다

날선 심연에 세인의 마음은
시간을 망치질 하고 있다

해오라기 날고 궂은 바람이 불고
임 생각에 설레는 가슴은
그 집 대문 삐걱거리는 소리에
거친 밤의 숨결을 엿듣는다.

내 이름은 사이코

그는 의미 없는 웃음을 한 움큼 던졌다.
그가 대상 없는 공기 속의 잔상처럼 걸려
웃음을 쏜다.
그가 실없는 사람일까!
아님 四次元世界
아무에게나 웃음으로 받아 넘기는 천부적
자질을 가졌으니 주억거릴 수밖에.
하늘에 걸린 무지개를 간짓대로 따려
까치발을 딛고 손을 뻗쳐 멋쩍게 웃어젖히다.
그는 천진한 사이코였다
마당 울타리 넘어 잠자리가 하늘높이
곡예비행을 하면 그도 잠자리의 비행사가
되어 양팔을 벌리고 신나게 달린다.
궂은 날이면 길거리에서 철학을 읊고.
해와 달이 교우를 할 때 그가 씩 웃어주고
마음의 불꽃이 타들어 심지가 속을
붉게 드러내는 고통을 견뎌 낼 때도
그는 웃고 있었다.

장다리

겨울 무는 이엉 덮고 텃밭에서
한뎃잠을 잔다.
이리 포개고 저리 엉키어 숨죽이며
널브러져 다리 한번 편하게 뻗고 잘 수 없는
신세가 고달프지만 땅 밑 토굴 속에서
추위를 견뎌내며 서로 어깨를 기대면서
부둥켜안고 겨울을 털고 있다
살이 희고 살집이 많은 넌 여느 때가 되면
여인과의 은밀한 관계 속에 사랑을 느끼면서
건건이 속살을 드러내다
넌 머리에 면류관을 쓸 때도 위세 없이
하얗게 사근사근하다.

감나무

마을 어귀의 감나무는 배곯은 시절
아이들의 상징적인 유산이었습니다
감꽃이 필 때마다 그 꽃을 주워서 실에 꿰어
목걸이를 하던 생각이 떠오릅니다
감꽃이 지고 땡감이 떨어지면 파랗게
떫은맛을 우려내고 먹던 일들
감나무를 쳐다보면서
바람아 불어라 더도 말고 석 삼일만 하고
생가지에서 풋감이 떨어지기를 바랐습니다
갈 볕이 따갑게 내려앉아 으르면
감은 곶감으로 내주고
붉은 홍시로도 내주고
찬 서리 우듬지엔 까치밥으로 내주고
이파리는 茶로 내주고
제 몸을 다 내주고 해탈을 합니다
바람이 잦아든 골에 그리움이 고여 드는 생각의
어느 언저리에 스며드는 적요
추상의 조각들이 가슴을 파고듭니다.

종이컵

때와 장소를 가리지 않고 정취에 젖어들어
음울한 분위기를 살리고
시간이란 배를 타고 표류하는 뗏목 같다
묵시의 삶에 노를 젓는 뱃사공
한번 쓰다가 버리는 생채기들
쓰레기 더미 속에 손을 놓지 않고 뻗치는
내일의 재생품들이 끈을 붙잡으려고
안간힘을 다하여 홀로서기를 하지만
비창悲愴하게 발길에 차여 나뒹굴어
바람의 손을 놓는다
나무에 기생하는 인동의 겨우살이와 같은
종이컵(일용직 근로자)은
함께 어울려 살아가는 비운의 컵이다.

관악산

관악산 맑은 물소리
물빛 싱그러운 바위들의 정적 속에
산길 찾아 굽이굽이 험준한 능선을
휘돌아 알 수 없는
서러운 목청으로 관악산 계곡을
쓸어내리고 있었네.

산 그림자를 안고 구름이불 뒤집어쓴
낙엽 진 벼랑위에
때 늦게 핀 한 떨기 들꽃은
낯을 가리고 기울어져 가는
하루를 부둥켜안고 하늘하늘 꽃으로
나부끼고 있었네.

4部

주야불식 숫돌에 칼을 갈아 시퍼렇게 날을 세워
벌겋게 끓는 해의 심장을 도려내어 백지장보다 창백한
여인의 얼굴에 영원히 시들지 못하도록 새 생명을
불어넣고 싶은 가련한 女子.

바람의 키워드

나뭇잎을 흔드는 형체도 없는 마법의
손을 본적이 있습니다.
마치 오케스트라 향연처럼 바람은 악보도
없는 연주자가 되어 그의 손끝을 따라
노래하고 춤을 춥니다.
햇살 속에 쏟아지는 명암은 가없는
하늘사이로 별처럼 깜박거리며
천지간을 조화시킨 세상에서 볼 수 없는
가장 멋진 상징적 표현의 무대입니다.
눈먼 바람과 사계四季의 기후로 인해
변화무쌍한 자연과 함께 어우러지는
장대한 연주회는 신이 만들어낸 위대한
작품 세계입니다
대서사시입니다.

유리 공주

내가 아는 그 女子
화분 속에 식물처럼 공기와 물과 햇살이 드는 곳이라야
살아가는 유리 공주
말없이 테라스 창가에 기대여 쏟아지는 달빛을
박하사탕처럼 입안에 가득히 물고 멍한 눈으로 심연을
걷고 있는 미려美麗한 女子
목말라 부르짖는 일도 숨차 창문을 활짝 열어 제치고
일광욕을 시켜 달라고 그대는 왜 손을 뻗지 않는가!
학처럼 긴 목을 빼고 곤곤히 음폭 들어간 선한 눈동자
솔가지 같은 눈썹 쌜룩이는 입술 박꽃처럼
청순한 女子
주야불식 숫돌에 칼을 갈아 시퍼렇게 날을 세워
벌겋게 끓는 해의 심장을 도려내어 백지장보다 창백한
여인의 얼굴에 영원히 시들지 못하도록 새 생명을
불어넣고 싶은 가려佳麗한 女子
내가 아는 그 여자 늦가을 풀잎 같은 여자
유난히 달을 가슴에 품고 그리움을 애태우며
슬픔을 베개 삼아
벙어리 冷가슴 앓듯이 살아가는 女子.

힘겨루기

텅 빈 가슴 채워지지 않는 그릇 덜거덩 데는
빈 수레소리 소나기소리 소리를 가르는 기적소리
내 알갱이는 어디로 빠져 나갔을까.
별빛에 눈을 씻고 어둠에 고뇌 할 때
마음은 동터라 꿈을 한 아름 안고 피 끓는
청춘 다 할 때까지.
떠오르는 희망 버릴 수 없는 자기와의 싸움
숱한 독백들 속에 이글거리는 욕망 분출되는 힘
주먹아 부서져라 심장의 고동소리 시계소리
새벽종소리 앞질러가는 소리 촌음인들
멈출 소냐.
부서지는 몸뚱이 아픔 속에 새 삶은 돋아라.
쏟고 쏟아 붓는 열정의 표상은 이상으로 날아라.
이 한 몸 다 할 때까지.

시상詩想

뱃속이 울렁거리고 메스껍다
그놈 생각만 하면 잠에서 벌떡 일어나고
그 잡놈(詩)때문에 문질러져 밤잠을
설치는 일은 예삿일이 아니다
그렇다고 이대로 놔 둘 수도 없고 멀리 떨어져
살자니 투덕거리는 맛이 없어 심심할 테고
응석을 다 받아 주자니 괴도怪盜에 물들 것
같고 에라 모르겠다
얼굴에 똥칠 대신 화장발로 맵시를 부려 변화를
가져다주면 정도 들고 생각이 바뀔 것 같다
그리고 구린내는 덜 나겠지.
그놈 생각이 절로나 하루 이틀도 아니고
평생을 같이 붙어서 마누라처럼 살려니
어떻게든지 어루어 버르장머리를 뜯어고쳐서
세상 나온 보람을 느껴보게 하고 싶다
잘나고 별난 놈 생각만 하면 가슴이 시리고
저려 온다.

시간의 소묘

시간이 숨을 쉬고 있다. 잠시 불빛이 꺼진다
시간이 자궁경부암에 걸렸다. 굼벵이가
천장遷葬을 하듯이 심연에 빛을 찾고 싶다
흔들리는 세상 꿈틀대는 자연 더 이상
미동은 보이지 않는다
다만 무엇인가를 찾기 위해 눈을 뜬 것만은
틀림없다 가슴 깊숙이 적시어줄 청정수 한 방울이라도
떨어지길 기도 한다.

시간이 바뀌고 있다
시간은 무서운 힘으로 시대를 움직이며
양손에 창과 펜을 들고 있다.
시간은 거스를 수 없는 약속이며 스스로
자신을 태우며 지켜내는 마음의 심지이며
시간은 이변異變의 연출가이다.

첫 울음

네가 어미 뱃속에서 자라고 있을 때 세상에서
처음 느껴 본 흥분과 두려움 환희가 엇갈려 잠 못
　　이루었고
널 위하여 무슨 일을 해야 할지 고민하면서 가슴
　　설레었다.
네가 천둥소리와 함께 처음 세상에 탄생하던 날
아비의 가슴은 터질듯 한 기쁨에 눈물을 흘렸고
온 세상이 내 것인 양 힘껏 두 주먹을 쥐고 하늘을 향해
소리를 질렀다
엄마 젖을 빨며 새근새근 잠을 자지만 미래에 대한
꿈과 희망을 심어주고 도전과 이상의 날개를 네게
　　달아 주고 싶다
저 금빛 햇살이 반짝이는 바다가 널 손짓한다.
저 푸른 하늘이 날자고 널 부른다.
네가 어느 깊은 숲속에서 길을 잃고 헤매 일 때
나침반이 되어주마
어둠에 길을 잃고 방황을 할 때 등불이 되어주마
힘들고 지칠 때 버팀목이 되어 주마
험한 세상 가시밭길 고달픈 인생 여정 쉽지는 않겠지만
그렇다고 겁을 먹거나 좌절해서는 안 된다.

노력 없이는 아무 것도 이룰 수도 얻을 수도 없다는
사실을 일깨워 주마
그것은 바로 희망이란 값진 보석을 양손에 쥐고
굳은 의지를 품은 채 시험대에 초대 되는 것이다.
이제는 네 자신과 싸워 이겨라.

들꽃

그 꽃을 시샘하듯
꽃을 꺾지 말아야 했다
꽃은 자연의 표상이며 여인의 상징인줄은
미처 생각지 못했다

꽃은 초라한 모습을 보여준 적이
한 번도 없다
비바람이 그의 생명줄이었고 연인인 줄은
몰랐다 꽃을 피우기 위해서
얼마나 어루어 북돋우는 가

꽃향기가 여인의 마음이었다.
꽃이 지니 마음도 별빛 속으로 거둬갔다

꽃은 무에서 눈의 일체를 보게 하고
언제까지나 내 마음을 사로잡았다.

혼魂 배

하늘에 돛을 달아라. 이 배 가는 곳이
어디 메냐 왕골 베기 언덕 넘어 외딴섬 우물터
아낙네 멱 감는 곳
어야디야 어 허야 디야

노를 젓는 뱃사공 네 어서 빨리 저어 보세
산 좋고 물 좋은 우리 동네 섬마을 곰 바위 넘어
꽃향기 아지랑이 노을이 지면
산새들이 모여앉아 재잘대는 곳
어야디야 어 허야 디야

이 몸 싣고 가는 배야 어서야 가자구나
정든 산천 뒤 안고 새 색시 맞으려
옷깃 세워 주림 펴고 고운 신발 신었도다.
어야디야 어 허야 디야

萬里滄波 휘영청 멀기도 하네.
가는 곳이 심상찮다 여보게 뱃사공님 네
날 데리고 어디를 가시오.
어야디야 어 허야 디야

서러 워라 서러 워라
갈 곳 몰라 헤매 도니
無主空山이 내 집인가 말 못한 이내 심정
저 떠나가는 기러기야 말 좀 물어 보세
어야디야 어 허야 디야

滿空山 구천길이 이다지도 멀단 말인가
한숨으로 지새운 밤이 날면
목동이 피리 불며 삼현 금을 타고
따뜻한 양지에 이 몸 편히 쉬어 갈거나.
어야디야 어 허야 디야

한적한 고독

녹슨 철길은 아무런 대답도 없이
한 시절을 풍미 하면서 쓸쓸히 과거를
노래하고 있었다.
불 꺼진 역사驛舍엔 비가 내리고 굳게 잠긴
열쇠 구멍으로 추억을 들여다보면서
사위스런 예감 때문에 발걸음이 무겁다
아직도 북적거리던 광경이 뇌리에
지워지지 않는데.
바람이 수탈해간 그 자리에 초라한
모습만 눈에 비춰지고
이끼 낀 한적한 길모퉁이 철탑엔
흉물스럽게 빈 까치집만 덩그렇게 남아
을씨년스럽다
철마는 강으로 갔다.

(능내역)

하얀 길

길을 걷다보면 낯선 길을 만나게 되고
그 길은 호기심과 두려움을 심어주는
기회의 땅이다
길은 지름길과 에움길로 이어져 길의 선택에 따라
운명이 바뀐다.

십자로에 내가 섰다
어디로 가야 하는가?

길은 길로 이어져 있고 길 위에 길이 있고
길속에 또 하나의 길이 있다. 그 길은 마음의
길이기도 하지만 길을 헤맬 때의 세상은 온통
하얗다
길고 긴 여정의 한가운데 상징적인 그림자
밑에 있다. 걷지 않으면 뛰어야 하는 그 길은
기다림이며 채워져야 할 빈 곳간이다
길은 끝을 보여주지 않는다.
정념의 불꽃 속에 여명의 단순함은 없다
길은 멀고 고달프지만 찾지 않으면 안 될
삶의 길라잡이다.

장마

벌겋게 달아오른 묘령 산이
궂은 장마에 수태를 해
봉우리마다 젖몸살을 앓고 있다
질퍽한 수 음부 늪지대에
성한 이끼와 수초들이
해찰한 덩덕새머리 바람을 유혹 한다

포의수가 터져 나온 골짜기마다
또한 생명이 울음을 터트리고
질곡의 여정을 동반한 노송은
반쯤 아랫도리를 내놓고
날줄과 씨줄로 세상을 거머쥐고
있었다.

빗줄기는 정수리 밖에 떨어지고
흘러내리는 물소리 야상곡nocturne에
묻힌 듯 고립된 공간속에 시계視界는
제로zero 상태였다.

모놀로그_{monologue}

내가 누구인지 조차 인식하지 못하고 나를 찾기 위해
세상에 우뚝 선 채 한없는 방황과 질주 벼랑에 내몰린
자아는 형체도 없는 무늬만 무성히 자라서 취할 수 없는
숫자놀음 루트5 부진근수 원주율 파이 무리수를 두는
시간의 경계에서 아침을 토해내는 거친 밤은 일상의
허기 일뿐, 끝내 스스로를 이기지 못한 날선 비애가
자신을 가학했다
내가 나를 찾는 일은 시간과의 게임이 아닌가!
긴 터널 속 홀로그램을 짜는 얼개 지워도 지울 수 없는
마음의 빛과 그림자 양날의 혼돈.

가을 편지

바람의 숨결도 없이 조락凋落한 낙엽을
날 더러 어쩌란 말이냐

무거운 은유로 표현되는 피안의 상처를
날 더러 어쩌란 말이냐

별이 지고 그리움이 뚝뚝 떨어지는 슬픔을
날 더러 어쩌란 말이냐

대기를 타고 나는 까마귀의 울음소리가
하늘을 베인들 날 더러 어쩌란 말이냐

이별의 아픔을 고배苦杯의 잔으로 채우려
한들 날 더러 어쩌란 말이냐

드라이클리닝

내 옷 다림질 한 번에 하루가 상큿대고
떳떳하게 마주한 생활에 폼을 잡고 어깨를 펴다
궂은 날을 다림질하는 당신은 마술사
인생의 구김살을 펴주는 마음의 세탁소
구겨진 스타일을 빳빳하게 주름세운 자존심
잔뜩 찡그린 하늘 웃겨주고 步武하다
헤진 세월 꿰매고 짜깁는 시간의 소용돌이
수선화 무리들이 바람에 춤을 추는 듯
잔상들이 어린 정오의 나른한 시각에 비친
우아한 실루엣의 옷은 그의 손끝에서
여물다

낙화

싸- 울 싸- 울 싸-울 싸- 울

바람이 울부짖는다. 흐느낀다.
달빛에 정신을 빼앗긴 꽃잎은
제풀에 못 이겨 서툰 몸짓으로 한 땀씩
곱게 수의壽衣를 짓는다.

바람은 몽유병 환자처럼 갈피를 못 잡고
연인의 젖가슴을 얼마나 애무했을까.
꽃잎에 맺힌 四有를 모른 채 꽃이 지니
마음도 함께 가져갔다.

落花는 관객 없는 무대
소리 없는 통곡
초대받지 않는 귀빈이다

꽃에 물든 마음엔 잊지 못할
잔영들이 비늘처럼 상처가 돋아 번민에
단추를 여민다.

겨울나무

裸木에 잎이 돋는 환생의 나무야
무던히 잘도 견뎌낸 꿋꿋한 의지가
포효하는 세상을 잠재웠구나.
그대는 四季를 빚어낸 애화가 서려 눈 못 뜰 때
죽어간 이들의 무덤에도 꽃이 피어나고
헐벗는 가지에 곰살궂게 연두 빛
조막손을 내민다.

마른이 죽이듯 험한 氣象 이겨낸
감명스런 투혼이 너를 바라볼 때마다
참는 법을 배웠고 적과 싸우지 않고
자신을 이기는 포용력을 심어주었고
재생의 아픔을 딛고 소생하는 萬古의 이치를
깨닫게 한 내일의 다채로운
이파리들의 숨결이 거칠다.

소풍

마음을 뚫고 속세간 밖에 소풍을 가다
오롯이 걷는 미지의 길을 헤적이며
잔뜩 짊어진 봇짐의 진실과 거짓의 쓰레기
더미들을 성냥불로 그어댄다
들뜬 기분으로 마른정신을 뒤흔들어 놓고
심연의 여백을 채워야 하는 발굽소리
한적한 고독을 배운다
욕망의 손을 뻗쳐 앨버트로스*처럼
창공을 날다
가던 길을 멈출 수없는 인생의 소풍은
날로 새로워라.

*앨버트로스albatross
신천옹 바닷새. 편 날개가 3m 가량임. 거위보다 크고 장시간 날며
지치면 바다에서 떠서 쉼.

우리가 살아가는 것은

우리가 살아가는 것은?
도전과 의지와 고난과 역경입니다
성공과 실패와 용기와 인내입니다

우리가 살아가는 것은?
소망과 행복과 기쁨의 환희입니다
사랑과 이상과 꿈과 날개 입니다

우리가 살아가는 것은?
믿음과 신뢰와 용서와 화해입니다
그리고 삶에 빛입니다

우리가 살아가는 것은?
우리가 살아가는 것은?

두 손에 희망을 꼭 쥐고 살아가는
것 입니다.

배달되지 않는 편지

침묵에 넋을 잃고 절음발이로 죽어가는
詩신들의 신음소리가 높아만 가고
못 다한 영혼에 불꽃을 당긴다.
고통스럽게 태어나서 수취인 불능으로
배달되지 못하고
희망 없이 사라져 가는 편지들의 슬픔같이
모태에서 사산되거나 삶을 마감하는
얼굴 없는 시체들이 비애를 느끼게 하며
언어들의 시위는 恨을 풀지 못한 채
눈을 감지 못한 원귀가 되어 세상을 떠돌아다니다가
말없이 죽어가는 이 펜pen들은
절규 한다.

그루터기

너털거리는 리어카에 애환을 싣고
천연덕스러운 미소가 한낮에 해를
품고 있다
하루를 살기위해 골목을 누비며 파지를 줍는
천부의 삶은 빈곤과 갈증을 마시며
형영形影 할 수 없는 터엔 어둠을 타고
아침을 들어 올린다
마닐라 줄보다 질긴 생명줄을 리어카에
전착하여 고단히 살아온 하 세월
그대가 하늘에 쏘아올린 꿈은
바람에 이는 격랑의 세월을 매고 밤의
미로 속에 횃불을 켠다.

5 部

이젤에 걸린 미완성 앞에서 끝도 경계도 없는
어둠은 내면에 품고 있는 무한성을 조탁彫琢하듯
스스로 삶을 휴대하고 찾는 것은
달팽이가 자신의 집을 메고 다니듯이,

초대

그대 초대받는 이가 되고 싶지 않는가?

누구 그댈 반갑게 손 잡아주는 이 있는가?
그대 입소문을 듣고 멀리서 찾아오는 이 있는가?
그대 가는 곳마다 잰걸음으로 마중 나오는 이 있는가?
어떤 사물을 보는 찰나의 순간이
가장 아름답고 소중하다
첫 인상은 그 사람의 상징적 표상이며
모방 할 수 없는 그림자이다
어디선가 많이 본 듯한 얼굴이었으면 좋다.
초대 받지 않는 사람은 초대 받는 사람의
대상이며 즐거움과 고통의 변형들[*]......!
조화 속에 相生하는가
나를 알게 한 네가 그대여도 좋다.

[*]즐거움의 변형들 = 기쁨 사랑 행복 환희 재미 황홀 흥분 고마움 즐
거움 등.
고통의 변형들 = 번민 두려움 불안 공포 슬픔 치욕 불쾌 비탄 스트
레스 회한 등.

바람꽃

먼 산 위에 삿갓구름 한 덩어리 날아와
기대여 선 듯 하더니 비죽 튀어나온
너럭바위에 앉아 똬리를 틀고
침묵의 시위를 벌리고 내재된 욕망이
도사리고 있다

성난 황소의 뿔이 저돌적으로 얼어붙은 땅을
들어 박고 자연의 기운이 裸木에 눈을 달아주고
대기의 습한 비린내가 하늬바람을 타고
푸른 벽을 뚫고 잉크처럼 풀어 놓는다

삼신三辰*을
둘러싼 등고선엔 어둠을 꿰뚫어 보려는
전선뇌우가 머리털을 세우고 어깃장을
부리다

피 끓는 가슴에
그 울림이 녹아내리고.

*삼신三辰 = 해, 달, 별. 특히, 북두칠성의 셋.

마음의 심연

새벽이 파닥이고 있다

운무에 갇힌 하늘이 비늘을 털고 있다
바람꽃이 피려는 구름의 변태
사유思惟스런 무대의 그림자가 환영으로
떠올라 죽은 시인의 노래가 심연의
난곡 속에 빠져 혀는 세속에 묻고
살 빠진 빗으로 마음을 깊게 훑는
젖은 머리칼에 상념들이 꽂힌다

그렇게 낙타 속으로 들어간 수염달린 짐승은
상막한 광야에서 미리내를 헤며 바람의
고삐를 잡고 달려온 시간들이
옆구리를 찌른다.
또, 한시름 반영反映의 눈동자가 욕망의
허상을 붙잡으려는 듯
칠흑의 冬天에 시위를 당긴다.

내 마음에 지울 수 없는 사람

미워도 미워할 수 없는 사람
좋아도 좋아할 수 없는 사람
밉지도 좋지도 않는 평범한 사람
미안해하지 않아도 되는 사람

가끔씩 전화하면 주저 없이 반겨주는 사람
뜨겁지도 식지도 않는
자기 색깔을 가진 사람

어떤 수식어가 필요 없는 사람

살아가면서 소홀해도 애써 챙겨주지
않아도 되는 사람
과거와 미래에 대한 의식이 깨어 있고
죽어가는 현재를 사랑하는 사람

의심할 때 충고해 주고
한탄할 때 위로해 주고
힘들 때 도움을 기대할 만한 사람

사랑으로 감싸주며 어깨를
기댈 수 있는 막역莫逆한 사람

말 못할 얘기를 나눌 수 있는
산소 같은 사람
그 사람 옆에만 있으면 심통이지만
마음이 궁창穹蒼 같은 사람.

6월의 밤

6월의 밤이 나뭇가지에 걸려 홰를 친다.
이념 간 대립의 깃발아래 동족상잔에
피 비린내가 산천을 휘덮고 배곯은
암말의 젖꼭지는 등가죽에 들어붙어 말 새끼는
구루로 여위어 어미의 오장에서 내뿜는
허기진 숨소리. 오수부동*의 증오와 분노로
인심은 온통 상처 더미로 길바닥에 굴러
소리쳐 악을 불러내고 새끼는 독한 세상을 안고
목메어 숨죽이며 살았다.
높새바람이 몰아치는 제단의 광장에
비에 젖은 국화가 함초롬히 피어있다.
등뼈 마디마디에 숨은 혈흔들이
지울 수 없는 한 시대를 조명하듯 창자가
까맣게 타들어갔다. 이렇게 6월의 하늘은
놀빛 파도가 굽이쳤다.

*오수부동五獸不動= 닭, 개, 사자, 범, 고양이가 모이면 서로 두려워하
 고 꺼리어 움직이지 못한다는 뜻으로, 사회 조직이 서로 견제하는
 세력으로 이루어져 있음.

바람

어느 날 강가를 거닐 때 바람을 본적이
있습니다. 그렇지만 바람 실체를 보지는 못했습니다
강물 위를 걷는 바람이 수초를 건드리며 미세한
파장을 일으키고 지나가는 것을 보고서야
바람인줄 알았습니다.
소매 끝을 스쳐지나가는 바람이 그가 바람이
되었듯이 사람도 마찬 가지로 만남과 헤어짐의
숱한 인연을 맺지요
그 인연들이 또 다른 세계를 꿈꾸게 하고
그로인해 마음을 다스리는 나를 볼 수 있게
눈을 뜨게 만들지요.

조종

밟힌 시간들이 눈먼 길 찾아
각등을 들고 해동갑까지
자신을 불태운 흔적 없는 조각들은
상여喪輿를 메고
내 오관을 잠들게 한
은은한 종소리는 지친 몸을 달래줄 뿐.
하루해를 매단 눈꺼풀은
저울추 보다 무겁다
밤의 사자들이 인경을 울릴 바로
그 때 조종弔鐘을 울릴 것이요
시든 삭정이와 솟아오른 새싹에게
심곡心曲으로
영혼을 불어 넣으리라.

대학로의 봄

빛바랜 청바지를 입고 낡은 기타 줄에
목매여 꿈을 찾는 대학로 노천공원엔
찌르레기 텃새처럼 둥지를 틀고 하얗게 속빈
하루를 부풀리는 이름 모를 철새들의
쉰 목소리가 행인들의 발목을 잡는다.

눈과 눈이 맞닿는 영상映像의 거리—
숨결이 살아 일렁이는 희망찬 거리—
군상들의 발길이 헤적거리는 방황의 거리—
해학과 재담이 넘쳐 웃음꽃이 피는
이곳은
소리 없는 애환이 서리꽃처럼 피어나다

수줍은 봄의 젖가슴을 내주고.

잊지 못할 당신

임은 갔습니다. 한마디 말도 없이 떠나갔습니다
떠날 때는 다시 만나기를 기약하지만 여의치가 않
　　았습니다
누구나 언젠가는 떠나야 한다는 것은 상상은 하지만
그렇게 황망히 떠나 갈 줄은 미처 몰랐습니다.
솔밭사이 길을 지나 바위너설 밑 자작나무 숲을 헤쳐
돌아 올 수 없는 먼 길을 홀연히 갔습니다.
임의 목소리에 귀가 멀고 침묵의 혀끝은 잠영을 했
　　습니다
당신이 가까이 있을 때는 얼마나 소중한지를 몰랐
　　습니다
내 곁을 훌쩍 떠나고서야 비로소 당신의 빈자리가
무겁고 큰지를 깨달았습니다
사람의 마음이란 모진 것이라 후회한들 무슨 소용
　　이 있으랴 만은
그래도 임이 남기신 말에 귀 기울려 감화 하면서
서러워했나이다
임의 자리가 그립습니다
임과 함께했던 한 시절을 기리면서……!

속불꽃

마음이 앞서는데 생각은 뒷전에 있고
눈은 먼저 행동은 굼떠있다
마음 생각 행동 삼각구도의 자각증상이
자기감정에 따르는 것이 정작 옳은 것인지
아닌지 세상은 언제나 해답을 주지 않을 것이다
체험은 모든 것을 변모시키고 교훈을 주며
추락과 욕구의 대척점이었다.
사랑 미련 그리움 추억, 증오는
마음에서 우러나오는 떨쳐버리지 못할
이중적 고통이면서 행복이다
거울 속 자신을 들여다 볼 때마다snobbism
자아를 발견하는 경이감이 들던가!
이젤에 걸린 미완성 앞에서 끝도 경계도 없는
어둠은 내면에 품고 있는 무한성을 조탁彫琢하듯
스스로 삶을 휴대하고 찾는 것은
달팽이가 자신의 집을 메고 다니듯이
자아실현에 대한 지표이다.

쉬파리 간음 하듯이

서로가 잘 아는 사이라고 우겨대지만
무엇을 어떻게 잘 아는지 안다고 다 아는
것은 아냐!
오랜 해의 격랑을 겪어 봐야지 인생은
오답 투성이 인걸. 만들어진 격식은
두꺼비 빈집과 다름없지
시간의 자궁 속에서 앞으로 태어날
사건들이 꼬리를 물고 그 꼬리치는 음성은
암 고양이 발정 난 소리 애처롭다.
게다가 못난 놈은 없다
넌, 뭐냐! 쉬파리 눈앞에서 간음하듯이
아무렇지도 않다는 거지.
모를 건 마음이야. 지우자 벗어 벗어버리자
빌린 것들을. 살 미움보다 감추어진
슬픔이 더 큰.

첫사랑

첫 눈에 매료되어 가슴이 뛰고
그리움이 아른거려 시간을 까맣게 태웠습니다.
그대를 사랑한다는 표현도 못 한 채
달아올라 자신이 발가벗겨진 듯
두려움과 부끄러움에 과감히 맞설 수 있는
용기마저 상실 했습니다
그대에게 어떤 결과를 바라지는 않았지만
내 감정을 끄집어내 불을 놓았습니다.
잠간 머물렀던 소중한 것을 붙잡으려는
지난날들을 회상하면서 기억은 켜켜이 쌓여
아쉬움에 사로잡힙니다.
수줍어 말을 못하고 바보처럼 사랑을
바라만 보았지 용기가 없어 머뭇거렸습니다.
손끝에 잡힐 듯 한 미소가
눈 속에 갇혀 가슴을 두드립니다.

거울

자고나면 거울 앞에 내가 나를 본다.
내 스타일이 어떤지 혹시 티라도 있을까
얼굴 속의 얼굴을 읽는다.
거울 속의 내 작은 세상 자아 속에
다른 세계를 꿈꾸게 만들며 오점도
지적해 주고 세심한 배려도 아끼지 않는다.
너와 나는 헤어질 수 없는
한 운명의 파노라마
어느 누가 너처럼 감싸주며 어루만져
주는 이 있는가.
네가 곁에 있어주어 나를 찾는데
뭇 시선을 의식했지!
언제나 체면을 지켜주는 넌 내 분신이며
내가 누구인가를 알게 한 너를
잊지 못할 것 같아.

연鳶

바람의 고삐를 잡고 하늘을 활공하는
넌, 북서풍을 방패삼아 상승기류를 타고 도는
시공에서 모진 저항을 무릅쓰고
기세가 등등하다
추락한다는 예상도 없이 비상의
꿈을 펄럭이는 날개 짓이 도전에 획을 긋다.
두꺼운 갑옷을 뚫고 희망을 포기한 적이
없는 번데기들의 굳은 심지이다.
긴장을 늦추지 않고 자생력을 키운 힘의
원천은 광활한 평원을 딛고 솟구치는
매의 발톱이다
하늘을 오르는 것이 의지의 일환이라면
가파른 하강은 온갖 격랑을 겪는 시련이다
연, 끈을 붙이거나 끈이 떨어지면 그 끈을
사려思慮 놓치지 않고 이으려는 것은.

나의 방

나의 방은 인정이 소리 없이 넘쳐흐르고 포근히
쉬어 갈 수 있는 열린 방이 있습니다.
아늑하고 사치스런 방도 있으며 친구와 흉금을
털어놓고 이야기 할 수 있는 빈 방이
있습니다.
내 마음의 방은 비좁은 곳도 있지만 화로 불처럼
오래도록 따뜻하여 냉기를 쫓아 줍니다.
내 방에는 살찌울 짐승을 키우고 있습니다.
세상에서 가장 멋진 방은 마음속에 있으며
가난한 사람도 부자도 지위 고하를 막론하고
누구나 가질 수 있는 유일한 안식처입니다
그곳에서 이상의 날개를 펼쳐 나가지요
나의 빈房은
고독의 섬에서 상상의 그물을 짜는 일을 세파에
시달리면서 익혀 내지요
그리고 삶을 덧입혀 가지요.

이성과 감성

생각하지 않고 행동으로 말하는 것은 위험한
발상이며 거두어 가지 못할 말은 차라리 침묵을
지켜라
거짓된 행동을 보고 모른 체 하는 것도
동조한다는 의미가 아닌가!
남을 타박하는 것은 자애로운 일이 아닐진대
자기 잣대로 남을 매도하는 것은 웃지 못 할
해프닝이다
이성의 시퍼런 칼날위에 무참히 재단되어
가는 언어들, 감성은 포용하되 진실은
포장되어서도 안 되며 그렇다고 왜곡되어서도
안 된다
세상에 누굴 탓하랴 만은 자기 성찰에 충실하고
자아도취에 빠진 누累를 범하지 말자.

가면극

우리 자신이 자신을 가장하기 위한
게임의 수단으로 내면에 城한채 들어있다

눈 뜨고 못 볼 것 多덮어 씌우는 은세계

세상은 보호색을 띠고 상황 속에
존재하고 있으며 삶을 부라 놓다
마음에 이는 욕구에 집착하고 탐하는
가시적 자위의 이면에 가면극은 연출될 것이며
사계의 눈을 훔치는 바람은

가장과 가면의 이중적 탈을 쓰고
있지 않는 것처럼 속내를 감추고 있는 것은
자신의 나약함과 두려움 무기력 적개심
학대에서 나온 수동적인 선택의 발산인가
우린 의지 존재감 가치 힘을 갖고 있는지!

자신을 잊어버렸다는 사실조차도
망각하고 최면에 걸렸다. 허상과 萬有를
덮어쓴 무대 없는 연극에 타종이 울리면

뒤엉치기 몰아沒我의 표정을 벗어버리고
가장은 이제 그만.

바늘구멍으로 세상을 보려하나!

청동의 음성

마음의 평전은 감정에서 이입移入된 집합체의 모순
　　입니다
우리가 살아가는 것은 사랑 증오 고통 절망 분노
용기 의지 이해, 용서 행복 이상 등, 人의 관계와
관계 사이에서(기만 교활 위선) 부딪치고
부대끼면서 겪은 온갖 상의 변화가 내면의 인식과
　　성찰로 자아성장에 모티프가 됩니다.
도처에서 만나는 것은 오직 자신의 앎과 의지, 기도
　　企圖이며 요컨대
자기 자신입니다.
이성과 감성Sense and sensibility이 현실의 삶에 부착되어
그 부착된 어떤 형체도 눈이 보이는 것을 마음이
　　전달하지 못한 경우가 있습니다.
마음이 전달하지 못한 것을 시verse의 눈으로 보게
하는 것입니다. 그렇게 하기위해서 수없는 성찰 속에
바늘구멍을 넘나드는 일이죠.
작품도 하나의 생명체와 같이 태어나 살아 숨 쉬고
　　죽습니다.

반면에 피어나기도 전에 시들어 버려 한줌 재로 산
　　화되지 말기를 갈구하는 마음으로
글을 쓰기위해서 우주의 길눈을 헤매면서 거센
바람과 무쇠보다 무거운 발걸음을 이끌고 열정passion
　　의 도가니로
채워질 사랑의 정념은 시간의 자궁 속에서
새 생명으로 탄생합니다.
무엇이든 간절히 생생하게vivid 꿈꾸면dream 이루어
진다는realization 관념적 사고가 도전의 앙상블을
　　이룹니다.
나는 과수원에 나뒹구는 얽은 자국이 있는 작은 사
　　과들 같이 '불이 붙지 않는 성냥을 그어대고
있는 것일까' 라고 생각했습니다.

Not going anywhere

바닥까지 내려쳤다 악다구니를 쓰며
ㅁ 자의 링 안에서 쓰러졌다가 다시 일어선
끈질긴 무서운 생명력

피 흘린 발걸음
안개가 포위를 한 밖의 울
갈 곳이 없어 ㅁ 에 갇힌다
속세의 일탈 속 自由 걷어차이다

울지 않는 새의 부리
목구멍엔 아물지 않는 상흔이 입을
딱 벌리고 기도를 누른다

벼랑 끝에 독毒이 무너져 솟구치는 선혈이
흐른다. 잿빛 하늘이 내려앉아
갈 곳이 없는데……!

모래를 뒤집어 쓴 깊은 바다 밑 조개처럼
몸을 숨기고 침묵을 깨물고 있다.

이삭

지금 잠을 자면 꿈을 꾸지만 지금 공부하면
꿈을 이룬다. 내가 헛되이 보낸 오늘은 어제
죽는 이가 갈망했던 내일이다
공부할 때의 고통은 잠깐이지만 못 배운 고통은
평생이다. 피할 수 없는 고통을 즐겨라
지금 흘린 침은 내일 흘릴 눈물이다
오늘 걷지 않으면 내일은 뛰어야 한다
미래에 투자한 사람은 현실에 충실한 사람이다
지금 이 시간에 적들은 책장을 넘기고 있다
꿈이 바로 앞에 있는데 당신은 왜 팔을 뻗지
않는가? 그럼 미래를 향한 눈도 감긴다
성적은 투자한 시간의 절대량에 비례한다
가장 위대한 일은 남들이 자고 있을 때
이루어진다.

이창수 시집 "겨울 섬"에 나타난 시세계

박정근(대진대 교수, 월더니스 주간, 시인)

I

이창수는 늦깎이 시인이다. 시인이란 나이에 무관한
것이지만 인간의 사고는 세월의 영향을 받을 수밖
에 없다. 하지만 이창수는 나이를 뛰어넘어 젊은이
들의 감수성을 그대로 유지하고 시에 대한 열정을
지니고 있는 시인이다. 시인에게 가장 절박한 것은
가슴에 품고 있는 시상이 작품으로 형상화되지 못
하는 시의 미출산이다. 시인은 세속적 욕망을 달성
하지 못해 한을 품기 보다는 아름다운 시상을 한편
의 시로 생산하지 못함을 안타깝게 생각해야 한다.
세인들이 권력과 재물에 대한 욕망에 사로잡혀 있
다면 시인은 가슴 속에서 꿈틀거리는 시상을 그보
다 가치 있게 생각하고 고심해야 한다. 시인은 그
시상을 잉태된 시상을 애지중지 자신의 마음속에서
키우다가 영적 산고를 거쳐 세상에 내놓아야하는

존재인 것이다.

그의 시 "배달되지 않는 편지"는 시인으로서 그의 정체성을 극복하게 나타내고 있다.

침묵에 넋을 잃고 절음발이로 죽어가는
詩신들의 신음소리가 높아만 가고
못 다한 영혼에 불꽃을 당긴다.
고통스럽게 태어나서 수취인 불능으로
배달되지 못하고
희망 없이 사라져 가는 편지들의 슬픔같이
모태에서 사산되거나 삶을 마감하는
얼굴 없는 시체들이 비애를 느끼게 하며
언어들의 시위는 恨을 풀지 못한 채
눈을 감지 못한 원귀가 되어 세상을 떠돌아다니다가
말없이 죽어가는 이 펜pen들은
절규 한다.

시인 이창수는 자신의 삶을 사랑한다. 범인들은 이미 흘러간 시간에 매달린다면 그는 남아있는 짧을 수 있는 시간들에 각별한 애착을 보인다. 자신에게 남아있는 작은 희망이나 열정은 모두 젊은이들의 그것에 비한다면 사그라져 가는 화톳불일 수 있다. 하지만 시인은 그것을 비관하거나 절망하지 않는다. 오히려 마지막 순간까지 그것들의 생명력을 지키려고 고군분투하는 모습을 견지한다. 그의 육체의 쇠퇴는 그의 마음속에서 끓어오르는 열정을 잠재울 수 없다. 그는 세속의 삶을 접는 대신에 시인으로서 실존의 문제와 질긴 살바싸움을 벌일 것을 선언한다. "힘겨루기"에서 이 선언을 외치는 그의 목소리에는 꺾을 수 없는 결기가 묻어있다. "떠오르는 희망 버릴 수 없는 자기와의 싸움 / 숱한 독백들 속에 이글거리는 욕망 분출되는 힘 / 주먹아 부서져라 심장의 고동소리 시계소리 / 새벽종소리 앞질러가는 소리 촌음인들 / 멈출 소냐."

이창수에게 시는 자식 같고 마누라 같기도 하다. 시상을 붙들고 씨름을 하는 것은 늘 붙어서 잔소리하는 마누라를 닮았고, 이리저리 다독여서 잘 양육하려면 자식 기르는 것과 다름없다. 그가 "시상"에서 토로하고 있듯이 그가 세상에 내놓을 시작품을 생각하면 벌써 가슴이 찡해오는 느낌을 지울 수 없다. 그만큼 시를 사랑하고 그에 대한 열정으로 살아가는 힘을 얻는다고 보아야할 것이다. 이창수가 자신의 시론으로 쓴 시는 "이성과 감성"이다. 이창수의 일부 시는 도덕적 관점이나 자기 반성적 시각으로 너무 교조적인 냄새를 풍기기도 한다. 그러나 시작에 있어서 빠지기 쉬운 오류를 피하기 위하여 나름대로의 자기 암시적인 금기를 시에 옮겨놓은 것이 그의 "이성과 감성"이란 시이다. 그는 이성과 감성의 변증법적 상호보완성을 강조하고자 한다. 이성이 지나치면 비인간적이고 무미건조에 빠지기 쉽고 감성에 너무 의존하면 진실이 왜곡되거나 미화될 수 있다는 평범한 원리를 말하고 있다. 문제는 이런 시어들이 살아있는 비유를 통해서 살려나갔다면 진부성을 극복할 수 있으리라고 본다. 자신에 대한 경고에 해당하지만 독자들 입장에서는 도덕적 훈계 냄새가 나서 흥미를 잃을 염려가 있는 대목이다.

그가 항상 마음에 유념하고 있는 문제는 시인으로서 정체성이다. 이것은 시인으로서 어떻게 살아야할 것인가에 대한 신념에 해당한다. 그는 "청동의 음성"에서 "이성과 감성"에서 개진한 시론을 더 구체적으로 말한다. 시인은 마음과 영혼의 이야기를 시로서 전달하는 사명을 지닌 자라는 자신의 정체성을 내세운다. 그러나 그 일은 손쉬운 일이 아니라 낙타가 바늘구멍에 들어가는 고행에 가까운 것이라고 본다. 이창수는 시인으로서 스스로 방심하지 않으려는 자기 암시를 마치 주문처럼 되뇌인다. 시인은 우주적 차원의 순례도 서슴치 말아야 하고 열정과 사랑의 정열을 다해야 한다. 이 요소들이 함께

용해되고 새로운 화학작용을 거쳐서 정련된 한 편
의 시가 태어날 수 있다고 보는 것이다. 그 정련의
과정은 즉흥적으로 이루어지는 것이 아니라 충분한
숙성의 과정을 거쳐서 새 생명으로 태어난다고 본
다.

> 마음이 전달하지 못한 것을 시verse의 눈으로 보게
> 하는 것입니다. 그렇게 하기위해서 수없는 성찰 속에
> 바늘구멍을 넘나드는 일이죠.
> 작품도 하나의 생명체와 같이 태어나 살아 숨 쉬고 죽습
> 니다.
> 반면에 피어나기도 전에 시들어 버려 한줌 재로 산화되
> 지 말기를 갈구하는 마음으로
> 글을 쓰기위해서 우주의 길눈을 헤매면서 거센
> 바람과 무쇠보다 무거운 발걸음을 이끌고 열정passion의
> 도가니로
> 채워질 사랑의 정념은 시간의 자궁 속에서
> 새 생명으로 탄생합니다.

이창수는 시인으로서 세상살이나 인간관계가
마땅치 않은 부분에 부딪칠 때 세속성의 냄새를 못
견디어 냉소적인 자세를 취한다. 살아가기 위해서
사람들이 취하는 모습은 발정이 난 암고양이 같은
천박함이나 권위나 오만을 먹고사는 속물적 이기주
의다. 이런 세속성에 대해 시인은 어떤 태도를 취해
야할 것인가의 회의감이 시인을 감싸며 자괴감에
빠진다. 무관심하거나 눈앞에서 벌어지는 일에 대해

서 고고함만 지킨다고 해결되는 것도 아니다. 그는 시인으로서 자신을 감싸고 있는 모든 세속성을 지워버리려는 결벽증적 반응을 보인다. 진정한 자아가 아닌 가식적 마스크를 모두 벗어버리라고 외치며 시인의 정체성에 대한 깊은 의식을 보여주고 있는 것이다.

> 시간의 자궁 속에서 앞으로 태어날
> 사건들이 꼬리를 물고 그 꼬리치는 음성은
> 암 고양이 발정 난 소리 애처롭다.
> 게다가 못난 놈은 없다
> 넌, 뭐냐! 쉬파리 눈앞에서 간음하듯이
> 아무렇지도 않다는 거지.
> 모를 건 마음이야. 지우자 벗어 벗어버리자
> 빌린 것들을. ("쉬파리 간음 하듯이" 중에서)

이창수의 미학은 자연에 대한 관찰과 사고에서 출발한다. 그의 아름다움에 대한 시적 감응은 매우 민감하다. 그는 자연현상을 통해서 인간의 삶과 사랑, 그리고 운명에 대한 미학을 나타내고자 한다. 그의 미학은 여성적 연약함과 부드러움에 기초하면서 사랑과 베품의 미학을 시로 승화시키고자 하는 것이다. 그가 싱싱한 성적 이미지로 표현한 "장다리"는 전체적으로 어두운 그의 시세계가 상큼한 맛이 나게 한다. 겨울 무의 쭉 뻗은 모습에서 여인의 흰 다리를 연상하고 그를 통해서 여인에 대한 성적

욕망을 느끼는 것이다. 그의 여성적 경향은 "유리
공주"에서도 이어간다. 유리인형을 보고 학처럼 수
줍고 연약한 여인을 떠올린다. 그 여인의 이미지는
풀잎, 달, 박꽃으로 나타나며 건강미보다 백지장 같
은 얼굴의 연약한 여인의 미이다. 이창수의 미학은
자연의 모습을 인간의 사랑으로 연상하게 함으로써
일종의 관능미를 느끼게 하는 시적 전략을 구사한
다. 바람에 흔들거리는 꽃의 모습에서 남녀 간의 사
랑의 유희를 떠올리는 것은 그의 시의 여성적 감수
성을 의미한다고 보아야 할 것이다.

　　　이창수의 시적 미학은 관능미에만 머물러 있
지 않다. 바람은 그의 상상력의 모티브가 되고 있
다. 그는 바람이 불어오면 그것에 따라 반응을 보이
는 다른 사물들의 모습을 예술로 비유한다. 자연의
소리와 움직임을 오케스트라의 음악에 맞추어 춤추
는 무희로 연상하는 것이다. 바람이 부는 숲이나 들
판은 온갖 만물들의 연주와 춤이 펼쳐지는 무대가
되고 있다. 시인의 시선은 땅위에만 고정되지 않고
하늘에서 깜박이는 별들에까지 확대되어 온 세상의
자연현상을 아름다운 예술 작업으로 해석되고 있다.
시인은 항상 삭막한 세상을 아름답게 만들려는 의
지가 있어야 하기에 이창수의 미학은 풍성한 시적
상상력에서 샘솟는 것을 발견할 수 있는 것이다.

나뭇잎을 흔드는 형체도 없는 마법의
손을 본적이 있습니다.
마치 오케스트라 향연처럼 바람은 악보도
없는 연주자가 되어 그의 손끝을 따라
노래하고 춤을 춥니다.
햇살 속에 쏟아지는 명암은 가없는
하늘사이로 별처럼 깜박거리며
천지간을 조화시킨 세상에서 볼 수 없는
가장 멋진 상징적 표현의 무대입니다.
("바람의 키워드" 중에서)

　　이창수의 시세계가 순수함이나 천진난만함을
유지하는 것은 그의 동화적 상상력에서 연유한다.
그는 "구름 할아버지"에서 구름의 형상에서 할아버
지를 그려내고 이슬을 맺는 것을 감로주를 빚는 것
으로 상상한다. 봄이 오면 풀과 나무, 꽃들이 한꺼
번에 생명력과 미모를 자랑하듯이 솟아오르는 풍경
은 생명력으로 가득 찬 모습을 보여준다. 그는 짧은
싯귀를 통해서 봄에 대한 생명의 찬가가 울려 퍼지
게 한다: "저 푸른 함성이 / 하늘땅이 /지축을 흔들
어 수런거리고 / 새들이 / 입방아 찧는 소리에 /
세상은 아름다워라 / 들과 산천에 아지랑이 족두리
를 쓰고 / 꽃잎이 낭자하게 / 지는 소리"("봄" 중에
서) 매우 염세적으로 들리던 그의 시의 어조가 동화
적 발상에 의해서 밝고 명랑하게 변화하고 있다.
　　이창수의 엽기적 시상은 "내 이름은 사이코"

라는 시에서 나타난다. 그는 정신병자에서 천진난만함을 발견하는 역설적 표현을 즐긴다. 정신병자는 나이에 관계없이 유아기적 단계에 머물러서 퇴행적 행동을 보여주는 자이다. 정상인이 사회적 마스크를 쓴 채 자신의 본능적 욕망을 억누르고 사는 반면에, 사이코는 충동대로 솔직하게 살아가는 존재이다. 우리가 삶의 고통으로 이글어질 때 그는 세상의 인고에서 벗어난 채 여전히 웃는 동심을 간직한 자인 것이다. 이창수의 행복의 기준은 정상과 비정상의 표피적 수준이 아니라 순수와 비순수의 시적 세계로 도피하고 싶은지 모른다.

마당 울타리 넘어 잠자리가 하늘높이
곡예비행을 하면 그도 잠자리의 비행사가
되어 양팔을 벌리고 신나게 달린다.
궂은 날이면 길거리에서 철학을 읊고.
해와 달이 교우를 할 때 그가 씩 웃어주고
마음의 불꽃이 타들어 심지가 속을
붉게 드러내는 고통을 견뎌 낼 때도
그는 웃고 있었다.
("내 이름은 사이코" 중에서)

그는 참을 수 없는 세상의 오욕을 극복하는 방법으로 동화적 상상력을 발휘하여 순수한 세계를 창조하기도 하고 이 시처럼 유아기적 세계로 도피하기도 한다. 또한 화창한 봄의 풍경을 상상하며 인간의

오욕이 스며들 틈이 없는 탐미적 세계를 추구하고
하는 것이다.

II

시인의 시심의 원천은 아무래도 사랑을 빼놓을 수
없다. 이창수의 시세계도 여기에서 예외는 아닌 것
같다. 그는 인간의 삶을 살아갈만한 공간으로 만들
어주는 것은 단연코 사랑이라고 본다. 사랑이 없는
인생이란 '싸구려 연극'에 불과하기 때문에 생명이
있는 한 끝까지 추구해야할 가치라고 본다. 그러나
시인은 범인들과는 다른 방법으로 사랑하고자 한다.
인간을 속물로 전락시키는 것은 거대하거나 화려한
것들에 대한 욕망이다. 이창수는 그러한 세속성에
대한 거부감이 강한 겸손함을 지닌 시인이다. 그가
시인으로서 사랑하고자 하는 대상은 오히려 속인들
이 눈길을 주지 않는 작은 것들과 무의미한 것들이
다. 그것이 들판의 이름 없는 들풀이 될 수 있고 한
밤중 쓸쓸히 우는 풀벌레일 수 있다. 그가 "아침의
문"에서 노래하고 있듯이 화려한 조명을 받는 영광
스러운 존재에 빛을 가려 어두운 그림자 속에 머물
러 있는 존재에 인간적인 연민이 오히려 시인의 마
음을 감동시키는 것이다.
　　　이창수의 사랑은 꼭 이성적인 사랑에 국한되
지 않는다. 이 삭막한 세상을 촉촉하게 적셔주어 인
간성을 회복시켜주는 것은 친구의 우정이나 부모와

자식 간의 사랑이 먼저 느끼기 쉽다. 사람이 관계를 맺으면서 가장 먼저 배우는 것이 친구와의 교제이다. 햄릿이 자신의 실존적인 고뇌를 호레시오에게 털어놓으며 우정을 나누었듯이 '참 좋은 친구'와 삶을 함께 나누고자 한다. 햄릿은 죽는 순간까지 함께 죽음의 길까지 동행하고자 하는 호레시오를 만류하면서 자신의 슬픈 이야기를 후세에 남겨달라고 부탁한다. 이창수는 친구를 "의심할 때 충고해 주고 / 한탄할 때 위로해 주고 / 힘들 때 도움을 기대할 만한 사람"이라고 정의함으로써 햄릿과 호레시오의 참 친구(confidant)의 필요성을 역설한다. 많은 친구들에게 둘러싸여 의미 없는 말들을 즐비하게 늘어놓지만 어려울 때는 진정한 도움이 되지 못하는 것보다 모든 이기주의가 지워져 있는 한 명의 진정한 친구가 우리들의 삶을 아름답게 만들어줄 수 있다고 본다.

마음 깊은 곳에서 우러나는 심성 중에서 가장 본질적인 것 중의 하나가 어머니의 사랑에 대한 순수한 감정이다. 그는 "어머니"라는 시에서 어머니의 이미지를 매우 미각적 이미지를 동원하여 표현한다. 어머니란 '장맛 오래 우려낸 깊은 맛'이라고 묘사함으로써 모성애란 그저 휘발성이 있거나 즉흥적인 감각이 아님을 밝힌다. 이창수에게 각인되어있는 어머니는 그렇게 아름다운 것만은 아니다. 어머니의 삶이란 자식을 위한 희생과 봉사이며 그야말

로 스스로 편안함이나 안락함을 취하지 않고 가족
의 행복을 위해서 동분서주하는 삶이다. 시인의 눈
에는 그녀의 삶은 '끓는 냄비 속'이나 '빨래줄'처럼
고통스럽고 질긴 존재로 묘사된다. 자식이란 가지가
바람에 흔들리면 어머니란 줄기는 항상 그 고통을
함께 나누게 된다. 벌써 중년을 훌쩍 넘은 나이에
시인은 어머니의 모습은 '숯덩이 붉은 속'으로 떠오
르며 그녀의 삶을 연민의 눈길로 반추하며 가슴 아
파한다.

어머니의 일생은 양은 냄비 속 끓듯
지글거리며 애자지정으로 살아오셨다
이 빠진 참빗을 들고 긴 머리 곱게 빗질을 하시며
젖은 날들을 빨래 줄에 널어 말리신 어머니의
삶이 모질고 질기다
마른 울음 짓무른 눈에
애끓는 어머니의 가슴은 숯덩이 붉은 속을
들어내 타들어가듯이 부옇게 재만 남았다.
("어머니의 단상" 중에서)

시인은 어머니에 대한 연민 못지않게 아버지
에게 똑같은 애정의 시선을 보낸다. 사실 아버지는
가부장 사회에서 엄한 존재로만 인식된다. 자식의
잘못을 징벌함으로써 교정시켜야할 책임을 가진 존
재로 가부장의 질서를 유지하기 위해서 가급적 애
정표현을 삼가는 역할이 부여되어 있다. 물론 자식

을 잘되게 하려는 뜻은 어머니 못지않게 가지고 있
지만 자식에게서 의도적인 거리를 확보하려는 존재
인 것이다. 어머니는 아버지의 징벌에 대해 보호막
이 되어주고 부드러움으로 치유하는 존재로 자식으
로부터 애정의 보상을 받기 쉽다. 그러나 그러한 가
능성을 축소시키고 자신을 고립시킴으로써 스스로
고독의 세계에서 존재한다. 시인은 고독한 아버지에
게 연민의 눈길을 두고자 한다. 아버지의 고단한 삶
은 그의 닳아버린 신발의 뒤축의 이미지 속에 상징
적으로 나타난다. 그는 자신의 육체를 학대하여 가
족의 빵을 제공하고자 한다. 그러나 그의 노력에 대
해서 자식들은 외면하기 쉽다. 오히려 그의 징벌에
대한 반감을 가슴에 묻어두고 증오의 대상으로 전
락시키는 경우가 허다하다. 시인은 이러한 불공평한
현상에 대해 저항이라도 하는 듯 아비의 삶 속의
고통의 자국들을 드러내어 가슴에 품고자 하는 것
이다.

아이들의 꿈이 서린 발자취를 그리워하며
조금씩 커가는 신발속의 세상을 지켜보면서
그 넓이를 엿본다네.
바람 속에 서있는 아버지는 굴뚝에
타오르는 연기처럼 자신을 불태워
아랫목이 따뜻하게 아궁이에 검불을 지핀다네.
신발이 한 켤레씩 곁을 떠날 때 까지.
("아버지와 신발" 중에서)

이창수의 사랑에 대한 추구는 꿈속의 미몽처럼 아련한 이미지로 점철되어있다. 그의 사랑의 갈증은 폭발적이기 보다는 사춘기 소년의 방황처럼 환상적이다. 그는 환상 속에서 기시에 찔려 선혈을 흘리며 사랑의 아픔을 체험한다. 그의 연모의 대상은 열정의 포로보다는 아름다운 시절에 그리움이 강물을 따라 흐르다 꽃으로 피어나는 감상적 슬픔으로 다가온다. 누구인지 명확하게 나타나지 않지만 그의 마음은 사랑에 이끌려서 방황의 길을 걷는다. 사랑의 번민 속에서 사랑의 의미를 규명하기 위해 낙서를 하기도 하고 갈지자로 흐느적거리기도 한다. 연모의 대상이 나타나지 않는 안타까움은 직선적 행진을 하지 못하고 열정의 아리아를 부르지도 못한다. 사랑하는 자가 오기를 기다리며 슬피 우는 산비둘기의 그리움처럼 순수한 세계에서 이창수는 고독을 즐기는 듯하다.

그가 그리움에만 머물러있는 것은 아니다. 그는 "춘심"에서 기나긴 동면을 깨고 봄이 오면 사랑을 이루고자 하는 욕망을 느낀다. 봄이 오면 백마를 탄 기사가 나타나기를 희망하는 여심을 노래하기도 한다. 하지만 그의 사랑의 추구는 결코 님을 차지하고 소유하고자 하는 이기심을 찾아볼 수 없다. 사랑하는 사람과 여유자적하며 즐기고자 하는 독점욕이 자리 잡지 못한다. 언제든 그님이 떠나고자 하면 그녀가 즈려 밟고 가도록 꽃을 뿌리려는 애상성이 자리 잡고 있다. 그녀는 솔밭 사이로 난 길을 따라 자작나무 숲으로 들어가서 다시는 돌아올 수 없는 먼 미지의 세계로 사라질지 모른다는 애수에 싸여있다. 오히려 시인은 그녀가 떠나버린 빈자리가 자아내는 허전함을 아파하는데 익숙하다. 그는 "아내의 밭"이란 시에서 아내의 밭을 환상 속에 존재하는 이데아 세계로 설정하고 아내의 슬픔을 조용히 들여다본다. 그는 아내의 아픔을 덜어주려고 뛰어들기 보다는 그녀가 스스로 그 아픔을 승화시키기를 기다리며 관조한다. 아내의 한이 꽃으로 피어나는 순간 비로소 시인은 안도의 숨을 쉴 수 있는 것이다.

어둠의 빛을 찾아 헤매던 시간만큼 오래 참았던
우렁찬 울음소리가 지축을 흔들고
아내의 붉게 멍든 가슴은 꽃으로 피어나다
("아내의 밭" 중에서)

이창수의 사랑의 세계는 지배적인 남성성이 아니라 여리고 순수한 여성성이 저변에 흐르고 있다. 그는 거친 세상을 혼자 개척하고 지배하는 소유주의적 남녀관계가 아니라 진정한 반려로서의 양성평등적인 사랑을 추구한다. 인간은 운명적으로 불완전하게 태어났으며, 부족한 반쪽을 채우지 못하면 외로워하고 자신의 옆에 비어있는 공간에서 허전함을 느낀다. 모진 비바람을 혼자 보다는 영원한 반려와 함께 협력해야 극복할 수 있다고 보는 것이다.

> 그대가 힘들고 외로울 때마다 위로하며
> 힘 북돋아 주는 이 있는가.
> 그대 뒤돌아 설 때 손 붙잡아 주며 빈 가슴
> 채워 줄 수 있는 이 있는가.
> 이 한세상 살아가면서 싫다 않고 껴안아
> 주며 무거운 짐 함께 지고 갈 이 있는가.
> 모진풍파 다 겪으면서 고난의 긴 세월 업고
> 함께 견뎌낼 수 있는 이 있는가. ("그대 옆에" 중에서)

그는 진정으로 사랑하는 반려를 만났을 때 무거운 짐조차도 주먹을 불끈 쥐고 들어 올리며 보람을 느낄 수 있다고 본다. 어느 값진 것도 자신만을 위해서 성취한다면 진정한 기쁨이 될 수 없다. 사랑하는 사람을 위해서 흘린 땀은 우리 몸을 달콤한 느낌으로 전환시키는 사랑의 기적을 일으키는 묘약이 될 수 있는 것이다.

III

이창수 시인이 가장 절박하게 느끼는 인식은 실존주의에 바탕을 두고 있다. 시인이 걸어가고 싶은 길은 무한대로 뻗어있는데 시간이 유한한 것을 느끼기 시작하는 나이가 되면서 인생의 무상함을 통감한다. 시인은 "시간론"이나 "길"에서 길의 무한성과 그 길을 영원히 달려야 하는 인간의 운명을 발견한다. 거대한 우주나 자연에 비해서 인간의 삶이란 너무 유한하고 짧아 의미 있는 일을 성취하기에 벅차다. 인간의 문명이 굳건한 것 같지만 긴 역사의 관점에서는 허무하기 짝이 없다. 이창수는 "한적한 고독"에서 지금은 없어진 능내역을 바라보면서 상념에 빠져있다. 번쩍이는 철길 위에서 위용을 부리며 달렸을 기차는 사라지고 지금 남아있는 것은 녹슨 철길과 흉물스러운 철탑만이 쓸쓸하게 자리를 지키고 있을 뿐이다. 승객이 오르내리며 왁자지껄 떠들었을 역사에서 고독을 씹으며 시인은 무상함에 젖어간다.

자연 앞에서 느끼는 감정도 이러한 실존성을 나타낸다. 그는 "수종사"에서 산을 보며 예민한 시인의 귀로 꽃이 지는 소리를 듣는다. 언제나 바라보아도 산은 여전하고 한결같은데 그 위에 떠있는 구름은 변화가 무쌍하다. 구름이야말로 인생의 변덕스러움을 닮은 존재이다. 있다가도 언제 사라질지 모르는 허무한 존재임을 시적 비유로서 표현하고자 한다. 인간이 만든 문물은 자연에 비해서 한계를 감출 수 없다. 수종사의 종소리마저 무한한 바람을 타고 들려오는데 그 소리는 한결같지 않고 변질되어 버린다.

산은 그냥 그대로인데
하늘에 조각구름은 갈 곳을 몰라

　　이창수 시인을 실존적 인식으로 몰아가는 것은 인생의 항로에서 육체의 한계성에 봉착함에서 기인한다. 육체가 병들고 생명의 위협을 느끼면 자유의지로 이끌고 온 지금까지의 삶이 정체성의 혼돈에 빠진다. 시인은 실존적 무게를 이겨내지 못하고 잠을 청한다. 인간에게 잠은 고통을 회피하기 위한 진통제에 불과하다. 그러나 죽음의 실존적 위협은 잠 속에서 조차 출몰한다. 죽음이 임박해오는 느낌만큼 인간을 깨어있게 만드는 것은 없다. 시인은 "잠"에서 영원성을 추구함으로써 과거의 오류를 극복하고자 한다. 고통스러운 현실을 미래의 새로움을 꿈꾸어 극복하고자 한다.

　　이창수의 실존적 인식이 빛이 나는 시는 "여로", "산나비", "바다"이다. 시인은 자신의 '없음'을 깨달았을 때 자신의 허위적 마스크를 벗고 실존적 진리에 다가갈 수 있다. 시인은 "산나비"에서 나비의 가벼움 속에서도 거대한 힘을 느낄 수 있다. 일종의 역설이지만 가장 가벼운 나비가 굴참나무를 끌어안고 큰 산을 떠받치고 있다는 순간적인 깨달음은 시적인 각성이라고 할 수 있다. 그 산나비가 소리가 모두 사라진 침묵 속에서 정지한 비전을 시인은 본다. 시인은 '없음' 속에서 마치 영원히 존재하는 표본과 같은 나비의 이미지를 보게 된 것이다.

이창수는 "바람"에서 불가시적 존재인 바람을 통해서 자신의 실존적 존재를 깨닫는다. 바람은 자신의 '없음'의 존재를 다른 사물을 통해서 보여주는 거대한 힘이다. 속물적 사고는 눈에 보이지 않는 것은 존재하지 않는 것이며 손에 쥐어주어야 비로소 존재를 인정하는 속성이 있다. 이창수는 "빈 그릇"에서 갠지스강의 조개의 실존적 이미지를 표현한다. 마치 아무것도 없는 빈 공간인 빈 그릇을 영원히 채울 수 없다는 깨달음을 통해서 인생은 그야말로 공수표에 불과하다는 생각에 이르고 있다.

그는 "바다"에서 실존적 질문을 풀기 위해 바다로 순례를 떠나간다. 그곳은 파도에 움직이며 만드는 조약돌들이 부딪치는 소리로 가득하다. 시인은 언뜻 바다가 자학적으로 스스로 몸을 해치고 있다고 느낀다. 그것은 어쩌면 인간의 이기적 사고의 소산을 뿐이다. 바다에 속한 모든 요소들이 부딪치고 베고 삼키며 통증의 소리를 내는 것은 바다라는 거대한 몸속에서 벌어지는 자체 내의 순환일 뿐이다. 바다는 거대한 우주 속에서 그 안의 모든 것을 오히려 끌어안고 포용하는 거대한 힘이라고 보아야 한다.

그리우면 그리운 대로 미우면 미운
대로 날이 새고 어둠이 깔리면
또 한 생각에 사뭇 그리워
이는 바람에 달빛을 따라 나서면
해변의 몽돌들이 부딪치는 소리
      (중략)
마음에 앙금처럼 쌓이는 모래알들의
군무가 파도에 씻겨 춤을 추며
파도는 모래알에 베이고 그 포효 속에
바다는 제살을 삼킨다. ("바다" 중에서)

이창수는 실존적 시점에서 죽음조차도 피하기보다
는 대면해야할 가치이다. 시인에게 죽음의 저승사자
가 찾아왔을 때 육체의 한계를 체험한다. 멀미가 오
고 땀이 비 오듯 쏟아지며 육체의 오물을 쏟아놓는
순간을 맞는다. 중세의 도덕극 "사람"에서 나타나는
똑같은 장면이다. 이 도덕극에서 주인공인 '사람'은
모든 인간을 상징하는 인물로 신이 보낸 죽음의 사
자가 와서 함께 신 앞에 가서 인생 결산서를 내라
고 요구하자 혼비백산하며 이 운명적인 순간을 피
하려고 변명을 늘어놓는다. 그러나 이창수는 인간으
로서 존엄성을 상실하는 가장 치욕적인 순간을 담
담하게 묘사하고 있다. 육체의 소멸 이후에도 정신
은 살아있다는 불멸성을 체험한다. 인간의 영혼은
사후에 육체를 떠나 저승으로 날아간다는 한국적
신앙이라고 해석할 수 있다. 그것은 육체의 한계를

극복하고 구원의 가능성을 타진하고자 하는 시인의
염원일 것이다.

　　그는 일상적 삶에서도 죽음에 대한 사색에
익숙하다. 그는 "조종"이란 시에서 하루의 일상이
끝나고 몸이 극도로 피곤할 순간에도 죽음을 체험
한다. 시의 제목이 의미하는 것처럼 죽음을 알리는
조종이 내면에서 울려 퍼지는 것을 듣는다. 그러나
시인은 단순한 체념이나 절망으로 빠지는 것을 경
계하고자 한다. 그는 '시든 삭정이' 같은 죽음의 이
미지를 보여주면서도 생명의 상징인 새싹을 보고자
하는 끈질긴 생명력을 전하고자 한다. 사실 이창수
의 시집의 대표시 "겨울 섬"은 암울하기만 하다. 시
인이 구원의 가능성을 상실하고 절망에 싸여있는
모습을 상상할 수 있다. 그는 구원의 등대가 없는
망망대해에서 표류하고 있는 연약한 존재임을 노래
한다. 아마 그는 희망이라는 등대를 찾기 위해 지금

까지 살아왔는지 모른다. 그러나 어느 쪽에서도 그 불빛은 찾을 수 없다. 아무런 구원의 가능성의 단 하나의 실마리인 섬은 거대한 대양에서 요원하기에 이 상황은 시인에게 얼마나 절망적인 것인가. 그는 구원의 나라로 가는 버스표를 잃어버린 방랑자로 자신을 인식한다.

그 섬은 구원久遠의 여인상이었고
한 섬을 손에 꼭 쥐고 오다가
그만 버스 안에
놓아 버렸습니다.

아직까지 그 섬을 찾지 못해 주위를
맴돌 뿐……! ("겨울 섬" 중에서)

이러한 절망적인 체험 속에서 죽음으로 떠나는 영혼을 안타깝게 바라보는 그는 죽음에 대한 공포로 무너지지 않는다. 시인은 마치 상여를 타고 자신의 죽음을 슬퍼하는 사람들의 노래를 옮겨놓는다. 시인이 가야할 저승세계는 바다 건너가는 길이기에 사람의 눈으로 가늠하기에는 너무 먼 길이다. 또한 그는 가야하는 저승길이 과연 영혼이라도 존재하는 곳인지 확신하지 못한다. 그는 "서러 워라 서러 워라 / 갈 곳 몰라 헤매 도니 / 無主空山이 내 집인가 말 못한 이내 심정 / 저 떠나가는 기러기야 말 좀 물어 보세"라고 영혼의 귀착점의 불확실성에 대해 서러워하는 것이다. 그러나 이창수가 죽음의 이후의 세계에 마냥 슬퍼하는 감상에 머물러 있는 것은 아니다. "사미니"에서 극복의 실마리를 찾는 듯하다. 이러한 생사의 실존적 고통으로부터 벗어나기 위해서는 삶이란 그저 풀잎의 이슬과 같은 존재임을 깨닫는 것이다. 단지 가시적 존재가 아니지만 깨달음의 울림으로 남아서 구원의 빛이 되고자 한다. 그것을 획득한 시인은 인간의 오욕을 정화된 등불임을 선언한다.

세속을 등지고 울림으로 남아
누리에 빛의 전령이 되려는 가
깨달음의 경지에 이르려는 참선의 수행은
인간의 고해苦海려니 !

영계의 세상을 추구하려는
그대는 內界의 五慾을 씻어주는
등불이 되었소. ("사미니" 중에서)

등불이 된 시인은 세상을 비추어주는 존재가 될 수 있다고 믿는다. 그는 "사미니"에서 어두운 주위를 환하게 주는 희망의 불빛이 될 수 있다. 결국 그는 자신의 오욕을 모두 버림으로써 구원의 가능성을 획득할 수 있다. 시인으로서 이창수의 가능성은 세상에 대한 욕망이나 이기심, 권력욕, 물욕 등의 물신적 요소들을 실존적 가치로 극명하게 승화시켜나

갈 때 더 큰 문학적 비전을 통해서 열려지리라 믿
는다.